AF550635

Anita Buchriegler

Seelenbalsam

Kräutermärchen und Geschichten für Erwachsene, Kinder und Kind Gebliebene

Waidern 42, 4521 Schiedlberg/Österreich
E-Mail: verlag@bacopa.at, office@bacopa.at
www.bacopa.at

ISBN: 978-3-902735-77-5
2. Auflage, 2019

Printed in the European Union

Seelenbalsam

Kräutermärchen und Geschichten für
Erwachsene, Kinder und
Kind Gebliebene

Anita Buchriegler

BACOPA VERLAG

Inhalt

Vorwort

Zauber der Märchen

Geschichten fesseln, Märchen ziehen in ihren Bann. Sie lassen Kinder mit offenem Mund zuhören, lehren zu staunen, regen zum Nachdenken an, entführen in eine andere Welt. Seit Urzeiten werden Ereignisse, Weisheiten, Stammesgeschichten und altes Wissen mündlich überliefert, in Sagen und Märchen festgehalten. In unserer schnelllebigen Zeit gerät diese uralte Art der Kommunikation, diese Tradition, nahezu in Vergessenheit.

Für mich hat gemeinsames Zusammensetzen und «zualosn'» etwas Wunderschönes, Heimeliges an sich. Ich verbinde damit Behaglichkeit und Sicherheit – Werte, die selten geworden sind.

So kam mir die Idee, altes Kräuterwissen in Form von Geschichten weiterzugeben. Manche sind frei erfunden, hinter anderen verbergen sich Erzählungen der Alten – insbesondere meiner Großmutter – bzw. Begebenheiten, die ich selbst erlebt habe, Geschichten die mich bewegten. Mit diesem Büchlein möchte ich den Lesern ein kleines Zeitfenster eröffnen: Halte inne! Nimm dir ein klein wenig Zeit und lass dich auf eine Reise in eine Zeit entführen, in der Zeit noch keine Rolle spielte...

Mein ganz besonderer Dank gilt dem BACOPA Verlag, der es mir ermöglicht hat, durch dieses Buch eine Plattform für meine Träume zu schaffen, und natürlich auch meiner Familie für die geschenkte Zeit, um meine Geschichten zu Papier zu bringen.

Schneeglöckchen

Kalt ist's draußen und endlich so weiß und winterlich verschneit, wie man sich's eigentlich um diese Jahreszeit vorstellt. Eine gut funktionierende Heizung ist an solch frostigen Wintertagen für uns Menschen unerlässlich. Wie es in dieser Hinsicht bei Frühblühern wie dem Schneeglöckchen aussieht und ob so ein zartes Blümelein nicht auch bei dieser Kälte gefährlich kalte Füße bekommen kann, erzählt meine heutige Geschichte.

Das Märchen vom Schneeglöckchen

Als der Herrgott die Welt erschuf, wollte er zu allererst noch einmal einen Probedurchlauf starten, um Pflanzen, Farben und Jahreszeiten genauestens aufeinander abzustimmen. Immerhin sollte alles von Anbeginn an funktionieren. Als er nach getaner Arbeit zufrieden mit sich und seinem Werk heimwärts ging, begegnete ihm unter der Himmelspforte Erzengel Jophiel. «Du kommst mir gerade recht!» freute sich der Schöpfer. «Jophiel, schon dein Name bedeutet «Schönheit Gottes.» Du bist der Richtige, um meinen Prototyp der Schöpfung der Natur noch ein letztes Mal genau unter die Lupe zu nehmen. Morgen werde ich mit der Schöpfung der Erde beginnen – in sieben Tagen schon soll das Werk vollbracht sein.» «Gerne, Herr!», strahlte Jophiel und machte sich freudig auf zu Gottes «Labor».

Jophiel blieb vor Staunen beinahe der Atem weg. Alles war perfekt. Farben, Formen, Abläufe und Funktionen waren akkurat aufeinander abgestimmt. Besonders die Idee der vier Jahreszeiten fand der Erzengel der Schönheit und Natur genial. Die Blumen und Pflanzen mit all ihren Kräften und Facetten waren ein wahres Meisterwerk göttlicher Liebe.

Da drang aus einem Winkel des Mini-Erdengartens ein spröder hauchzarter Klang an sein Ohr, fast wie von einem Silberglöckchen. «So etwas Wundervolles habe ich noch nie gehört!» staunte Jophiel verzückt. «Aber irgendetwas stimmt nicht. Der Klang erfüllt mein Herz mit tiefer Trauer und schierer Verzweiflung!?» Da gewahrte der Engel im hintersten Winkel des Gartens, dort, wo es kalt und der Boden noch großteils mit Schnee bedeckt war, eine kleine farblose Pflanze, die vor Kälte und Angst zitterte. «Du Armes!» hauchte der Engel entsetzt. «Der Herrgott hat dich wohl vergessen. Halte durch, ich werde ihm sogleich Bescheid sagen.»

«Du lieber Himmel! Pflänzchen, dich hab ich ja ganz vergessen», entfuhr es dem Schöpfer erschrocken. «Welche Farbe sollen wir dem kleinen Blümchen wohl geben? Von der Jahreszeit her möchte ich es gerne als ersten Frühlingsboten im Schnee belassen. Aber ich bezweifle, ob hier kräftige Farbtöne schon angebracht sind. Außerdem sind die meisten Farben aufgebraucht.

Was meinst du, Jophiel?» «Oh Herr, ich bin nur Dein bescheidener Diener, aber wenn ich mir ein Urteil erlauben darf, würde ich ihr Blütenglöckchen weiß belassen. Die Farbe passt wunderschön zu den letzten Schneekristallen, die rundherum in der Sonne glitzern. Die Blätter sollten auch bei dieser Pflanze grün bleiben. Aber wenn du vielleicht noch einen Farbtupfen Grün übrig hast, würde sich ein kleiner grüner Klecks auf den inneren Blütenblättern gut machen» schlug Jophiel vor.

«Das ist eine wundervolle Idee!» strahlte Gott. «Mir ist auch schon ein passender Name für dich eingefallen. Was hält ihr von ‹Schneeglöckchen›? Immerhin habe ich dich dazu auserkoren, mit deinem spröden, silberzarten Glockenton den Frühling einzuläuten.» «Danke, Herr!» jauchzte die kleine Blume verzückt und überglücklich. «Nur eine Sorge plagt mich noch arg, Herr. Wie soll ich die eisige Kälte überstehen, wenn mich jetzt schon so sehr friert?!» » Entschuldige! Ich habe dich ja noch gar nicht für diese extremen Bedingungen ausgerüstet!». Sogleich rief er Erzengel Raphael, den Heiler, herbei und gebot ihm, in der Knolle des Schneeglöckchens eine «Bioheizung» zu installieren.

Als Erzengel Raphael den göttlichen Auftrag erfüllt hatte, begann er plötzlich von einem Ohr zum anderen zu grinsen. «Bitte seid mir nicht böse, oh Herr, wenn ich mir jetzt einen Scherz erlaube, aber ich glaube mich erinnern zu können, dass Ihr den Kräutern und Pflanzen Eigenschaften mit auf den Weg geben wolltet, die später die Menschen bei der Behandlung von Krankheiten unterstützen... Was haltet Ihr davon, wenn das Galantamin aus der Knolle des Schneeglöckchens den Menschen später zur Behandlung von Alzheimer diente?» Diesen Hinweis auf seine eigene Vergesslichkeit hielt auch der Schöpfer für einen gelungenen Scherz, sodass sich alle vier vor Lachen die Seiten hielten.

Und so kam es, dass diese Fröhlichkeit dem Schneeglöckchen bis heute innewohnt. Denn – ist es Ihnen nicht auch schon öfters so ergangen, dass der bloße Anblick eines Schneeglöckchens ausgelassen heitere Frühlingsstimmung ins Herz zaubert?

Vogelmiere

Bei meinen Kräuterwanderungen und «Singing Farm»-Aktivitäten auf unserem Bauernhof hab ich besonders ein Kräutlein zu schätzen gelernt: die Vogelmiere. Ihre zierlichen Pflanzenteile färben Brötchen und Smoothies grasgrün, auch ihr Geschmack – nach Zuckermais – ist recht angenehm. Kinder lieben es, den gummiartig-elastischen Strang im Inneren des Stängels freizulegen, der wie ein Darm wirkt. Daher dürfte auch der volkstümliche Name «Headarm»(Hühnerdarm) entstanden sein. Ihre eleganten weißen Blütchen wirken wie Silbersterne.

Durch ihren hohen Vitamin C-Gehalt (angeblich 10 Mal mehr als bei Kopfsalat) und ihre zahlreichen Mineralstoffe soll Vogelmiere bei Hühnern zähe Knochen und starke Eier bewirken, und auch beim Menschen soll das Kraut für neue Lebenskraft sorgen und den Stoffwechsel ankurbeln. Wie es um die Magie der Sternenpflanze bestellt ist, hab ich mir im folgenden Märchen einfallen lassen, das übrigens mein allererstes selbstverfasstes Kräutermärchen war.

Silbersterne

Spielmann Justus war verzweifelt. Sein Kopf sank immer tiefer, als er die staubige Landstraße entlang wanderte. Und genau so erging es auch dem Mut in seinem Herzen. Warum war er bloß ein armer Spielmann, der von einem Tanz zum nächsten zog, um sich sein Geld zu verdienen? Seine Jugendfreunde hatten Haus und Hof geerbt oder wenigstens einen guten Beruf gelernt, und sie hatten ein geregeltes Einkommen. Er aber lebte sozusagen von der Hand im Mund. Solch bittere Gedanken nagten an seinem Herzen und wollten ihn scheinbar gar nicht mehr loslassen. Nicht einmal die frechen Sonnenstrahlen, die seine Augen zum blinzeln brachten, konnten ihn an diesem herrlich frischen Julimorgen aufmuntern.

Gestern hatte ihn das Glück verlassen. Der Grund dafür war nur sie – na ja, eigentlich ihr Vater. Er hatte Lilli zum ersten Mal beim Tanz im Natternberger Stadel entdeckt. Kornblumenblaue Augen, die wie zwei Himmelssterne strahlen konnten, und ein Lächeln, das ihn alles andere vergessen ließ, und dazu noch ihre wunderschönen Haare in der Farbe von reifem Korn, die neckisch im Sommerwind wehten. Wie sollte er sie je vergessen? Er hatte dort mit seiner Klarinette aufgespielt und die Mädchen, wie so oft, durch sein Spiel bezaubert.

Diesmal spielte er nur für sie. Lilli schien seine Gefühle vom ersten Augenblick an zu erwidern. Sie kam von nun an zu jedem Tanz, auf dem er spielte. Gestern hatte er dann zum ersten Mal selbst mit ihr getanzt. Ihm war klar, dass er sie zu seiner Frau machen wollte. Hand in Hand gingen sie zu Lillis Vater, dem reichen Minnerl Wirt z'Zell, um die Einwilligung für die Hochzeit zu erbitten.

«Was willst du?», fuhr ihn der Wirt an. «Ein dahergelaufener Hallodri wie du, der von der Hand in den Mund lebt und bei jedem Tanz einem anderen Mädel den Kopf verdreht, will meine Tochter heiraten? Was willst du ihr schon bieten – du bist nichts weiter als ein Landstreicher – ein Bettler ohne Geld und ohne Zukunft!» Seine harten Worte fuhren dem jungen Justus wie ein Dolch ins Herz. So hatte er sich noch nie gesehen. Bisher hatte ihm seine Musik große Freude bereitet. Die Leute liebten sein Spiel, mit dem er, wie kein anderer, auf die Stimmungen der Menschen eingehen konnte und ihnen Freude schenkte. Er hatte sein Leben der Kunst verschrieben und war immer stolz auf seine Gottesgabe gewesen. Justus und die Klarinette – sie waren eins – hatten zusammengehört wie Pech und Schwefel. Nun wollten ihn die Zweifel nicht mehr loslassen.

Auch Lilli ging es nicht besser. Justus war die Liebe ihres Lebens. So feinfühlend und lieb. Er war kein so grober Lackel wie die anderen Dorfburschen. Mit ihm wollte sie alt werden. Alles Geld, aller Schmuck und alle schönen Kleider nützten ihr nichts, wenn sie ihr Leben ohne den Justus verbringen sollte. «Was hatte sich der Vater nur dabei gedacht? Er hatte ihn hinausgejagt, ihm Haus und Hof verboten», sinnierte die schöne Wirtstochter. «Du kannst ihr ja nicht einmal ein Brautkleid kaufen!», hatte er den Musikanten verhöhnt. «Bring ihr ein Brautkleid, das funkelt wie aus tausend Silbersternen gewebt, und du sollst meine Tochter zur Frau haben!» Das war die Bedingung, an die ihr Vater das Lebensglück seines einzigen Kinds geknüpft hatte. Aber wie sollte sich das der Justus jemals leisten können? So ein Kleid hatte ja höchstens eine Königin.

Mit zermartertem Kopf, hungrig, durstig und unendlich müde erreichte Justus endlich das alte Kloster der Franziskanerinnen. Die würden ihm sicher einen Schlafplatz für die Nacht gewähren. Er schleppte sich zur Pforte und klopfte.

Im Klostergarten saß Gartenschwester Innozenz auf der Hausbank. Ihre Stirn lag tief in Falten. Auch sie war schwer am Grübeln. Ihre Hennen hatten in letzter Zeit ganz fahle Kämme bekommen und fast gänzlich aufgehört, zu legen. Sie hatte schon einiges ausprobiert, aber bisher wollte nichts so recht wirken. Die Glocke riss sie unsanft aus ihren Gedanken. «Ich bitte um ein günstiges Quartier für die Nacht, ehrwürdige Mutter», bat Justus. «Der Weg war lang und ich bin unendlich müde». «Ja, ja, du kannst dich hier ausruhen. Ein Quartier für die Nacht sollst du bei uns bekommen. Komm nur herein.» Die gute Innozenz brachte dem müden Wanderer auch noch eine kleine Jause. Beim Essen klagte sie ihm ihr Kreuz mit den Hennen. «Du kommst viel herum, Spielmann. Vielleicht weißt du einen Rat?» fragte sie ihn, als sie mit ihrer Erzählung fertig war.

«Auf der Wanderschaft hat mir ein altes Kräuterweiblein einmal erzählt, dass Vogelmiere ein wahres Zaubermittel für die Probleme sei, die du mir da beschreibst», riet ihr der Musikant. «Komm mit in den Garten, dann kann ich dir das Pflänzchen am besten gleich selber zeigen! Vielleicht hilft's ja?» «In Gottes Namen», antwortete die Nonne und folgte ihm hoffnungsvoll.

Zum Abschied gab ihm die fromme Innozenz ein wunderschönes Vogelmiere-Zweiglein als kleines Dankeschön mit. Die unzähligen kleinen Blüten,

die das Kraut zierten, leuchteten wie tausend Sterne. Als er sich kurze Zeit später unter einem Baum breit machte, weil die Sonne gar so heiß auf ihn niederbrannte, fiel er in einen tiefen Schlaf. Plötzlich strich ihm eine zarte Hand sanft über die Stirn. Über ihn gebeugt war ein wunderschönes Mädchen, elfenzart, mit silberweißem Haar.

«Ich will dir helfen in deiner Not!» sagte das Geschöpf. «Ich bin eine Sternenelfe und dem Kräutlein Vogelmiere geweiht. Weil du der frommen Mutter Innozenz, die immer so gut zu uns Elfen ist, geholfen hast, will ich es dir jetzt vergelten. Nimm deine Klarinette und spiel mir was vor!» Verwundert begann der junge Spielmann eine wunderschöne Melodie anzustimmen. Als die Sternenelfe mit heller Stimme einfiel, kamen viele andere Elfen herbeigeeilt. Mit vereinten Kräften wurden tausend feine Sternenblüten gesammelt, die sie bis zum Abend zu einem wunderschönen, überirdisch funkelnden, weißen Sternenkleid webten. «Das ist ja ein Brautkleid!», strahlte Justus. Die Elfe lächelte zufrieden, winkte ihm anmutig zu und verschwand.

Flugs eilte er mit dem Brautkleid zum Minnerl Wirt. Dem fielen vor Staunen beinahe die Augen aus dem Kopf. Jetzt sah er wirklich dumm drein. Aber ein Wort ist ein Wort. Das wusste sogar der gierige Minnerl. Justus und Lilli fielen sich in die Arme, denn nun wurde Hochzeit gefeiert. Das Brautkleid aber soll noch heute im Besitz der Wirtsfamilie sein.

Schlüsselblume

Vom Himmelsschlüssel vor der «Nixlucka»

Die Schlüsselblume ist wohl einer der bekanntesten Frühlingsboten. Im Rasen vor unserem Haus wächst sie wild, solange ich denken kann. Vergangenen Herbst versetzte sie mich in Staunen, denn sie erblühte erstmals – völlig verkehrt herum – ein zweites Mal, spät im Jahr. Als Heilpflanze findet sie heutzutage hauptsächlich gegen Husten und Erkältungskrankheiten ihre Anwendung. Einem alten Volksglauben nach ist die Schlüsselblume die erste Pflanze, die man nach einem langen Winter zu sich nehmen soll. Erst dann sei der Körper bereit, die Heilkräfte der anderen Heilpflanzen im Jahreslauf aufzunehmen. Die Mythen, die sich um sie ranken, gefallen mir besonders gut: So hält sie angeblich – im Vorgarten eines Hauses gepflanzt – unerwünschte Besucher fern. Außerdem galt sie als Glücks- und Fruchtbarkeitsmittel. Wer eine Schlüsselblume schenkt, der sagt damit: «Gib mir den Schlüssel zu deinem Herzen...»

Vor vielen, vielen Jahren, als die Leute auf dem Schieferstein noch Bergbau betrieben, hatte sich ein junger Grubenarbeiter vor lauter Übernachtigkeit in Richtung Nixlucka verzogen, um sich dort ein Nickerchen zu gönnen. «Nur ja weit genug weg vom Vorarbeiter», hatte er sich gedacht und war deshalb hinüber zum Hintsteingraben ausgerissen. An diesem schönen Frühlingsmorgen wollte er einfach einmal «nix» tun, wurde er doch sonst so geschunden und angetrieben, und wo könnte man «nix» besser tun als bei der «Nixlucka»? Ja, er wollte einen Tag lang die Arbeit einfach Arbeit sein lassen und die müden Glieder in der wärmenden Frühlingssonne ausstrecken. Dabei muss er wohl vollends die Zeit übersehen haben, denn als er die Augen aufschlug, war die Sonne gerade dabei, hinter dem Rücken des Schiefersteins unterzugehen. «Ach herrje,» jammerte der Jüngling vor

sich hin, «jetzt kann ich bei der Finstern hinuntersteigen. Wenn ich mir da bloß kein Bein brech'!» Da drang urplötzlich ein zarter Singsang an sein Ohr: «Kräutlein mein, oh Kräutlein fein, wie kann einer Nixe Herz so traurig sein. Du warst der Schlüssel zu meinem Glück, brachtest der Sonne Licht zurück!» Leise schlich er näher an die Höhle heran, und als er genauer hinsah, gewahrte er eine bleiche weiße Gestalt, halb Fee, halb Geistwesen. Ihr langes grünweißes Haar reichte ihr bis zu den Füßen hinab.

«Ach Jüngling», schluchzte das Geschöpf, als es ihn erblickte, «ich bin Roxana, die Nixe vom Schieferstein. Ich lebe schon seit Urzeiten hier und wache über die Energien und Kräfte, die sich tief im Berginneren befinden. Die Nixlucka ist der Eingang zu meinem Reich. Im Winter lebe ich tief im innersten Herzen des Berges und hüte die Berschtlmutter (Mutter Percht) mit ihren sieben Zotterwaschln. Ich bin dafür verantwortlich, dass sie in den Raunächten – besonders aber in der Nacht auf den 6. Jänner – rechtzeitig zu den Menschen hinaufkommt und nach getaner Arbeit wieder in die Unterwelt zurückkehrt. Im Frühling aber zieht es mich empor zur Natur und zu meinen Freunden, den Tieren und Pflanzen. Mein erster Weg führte mich immer zur Schlüsselblume, die vor der Nixlucka wuchs. Ihr Anblick gab mir Jahr für Jahr die Kraft der Sonne zurück. Mit meiner Frühlingsbotin konnte ich die Frühlingsstimmung bis ins Innerste von Dirn und Schieferstein bringen. In diesem Jahr aber sind mir die Zotterwaschln ausgekommen und haben mir mein Himmelschlüsserl ausgerissen. Ohne die Blume werde ich von Tag zu Tag schwächer und trauriger. Wenn ich aufhöre zu existieren, werden jedoch auch die Berge hier in sich zusammenstürzen.» Da graute es dem Burschen, denn am Fuße des Berges wohnten nicht nur seine Familie, sondern auch seine Kumpel und Freunde.

«Gute Nixe, ich will dir helfen. Man hat mir erzählt, dass ich damals just in dem Moment geboren wurde, als die Berschtlmutter mit der Wilden Jagd ums Haus gezogen ist. Meine Geschwister sollen sich anfangs sogar vor mir gefürchtet haben, weil ihnen die Großmutter erzählt hat, die Berschtlmutter mit ihren sieben Zotterwaschln haben mich dagelassen. Anscheinend haben sie wohl gedacht, ich wär selber so ein kleiner Zotterwaschl. Da wird sie mich schon nicht gleich in ihren Buckelkorb stecken und mit in die Unterwelt nehmen. Lass mich gleich zu ihr hinabsteigen und ich werde dir dein Himmelschlüsserl noch vor dem Morgengrauen wieder bringen.» Die Nixe äußerte zwar ihre Bedenken, aber – gesagt, getan – der beherzte Bursche machte sich sogleich auf den Weg in den Berg hinein.

Als er tief im Berginneren wirklich auf die Berschtlmutter traf, wollte sich diese gleich auf ihn stürzen und ihn in ihren Buckelkorb stecken. So etwas war ihr noch nie passiert. Kommt da einer mir nichts dir nichts mitten in ihr Reich hereinspaziert? Na, der sollte was erleben!»

Geistesgegenwärtig sprang der Jüngling einen Satz zurück, erhob die Hand und rief «Berschtlmuada, Berschtlmuada, so kennst mi denn net? I bins, da kloane Much, der damals just in der Nacht zur Welt kemma is, wiast du um unsa Haus zogn bist. Meine G'schwista hobn damals alle glaubt, ich wär selba eins von deine Zottawaschln!» Da fiel es der Mutter Percht wie Schuppen von den Augen. Das war schon was damals! So ein süßes rosa Bündel, das lauter plärren konnte als alle anderen Menschenkinder, die sie bis dahin gesehen hatte. Am liebsten hätt' sie es gleich zu sich mitgenommen. Aber das durfte sie nicht, denn unschuldige Babies waren vor ihr sicher. «Ein fescher Bursch bist worden!» rief die Percht ganz gerührt! «Dass ich dich noch einmal zu Gesicht bekomm', mir ist fast, als wärst du mein eigener Sohn! Aber sag, wie hast du mich gefunden?» Da begann der Much ihr von seinem Anliegen zu berichten. «Das tut mir leid. Meine Zotterwaschln haben die Pflanze mit Putz und Stängl aufgefressen. Aber ich will dir sagen, wo du noch eine finden kannst. Lauf hinüber auf den Schieferstein – aber nicht ganz bis zum Gipfel hinauf. Dort oben, wo du so schön ins Tal hineinschauen kannst, der Enns nach, wie sie sich weiter ins Ennstal hineinschlängelt, dort wirst du noch so eine Schlüsselblume finden. Aber versprich mir, dass du keiner Menschenseele verraten wirst, wo die Mutter Percht zu Hause ist. Die Nixe lass mir grüßen und richte ihr aus, dass es mir leid tut und ich in Zukunft besser auf meine Zotterwaschln aufpassen werde!» Da bedankte sich der Much von Herzen und zog erleichtert von dannen.

Und so dauerte es nicht lange, bis die Nixe den Schlüssel, der allein ihr die Sonne ins Herz zurück bringen konnte, in Händen hielt. Dankbar legte sie ihre Hand in die des Much und schenkte ihm einen Teil ihres Blumenstöckchens. «Weil du mir das Leben gerettet hast, soll diese Schlüsselblume auch der Schlüssel zu deinem Glück sein. Erbaue ein Haus auf dem Schieferstein, dort wo du das Himmelschlüsserl gefunden hast. Mein Schlüssel eröffnet dir keine Schätze aus Gold und Edelstein. Aber er wird dir und den deinen Glück bringen und das Gut am Schieferstein zu einem Kraftplatz machen. Haltet euch nur immer genau an die alten Bräuche und vollbringt gläubig und fleißig euer Tagewerk, so werdet ihr euer Lebtag lang ein gutes Auskommen finden.» Freudig befolgte der Bursch den Rat, den ihm die Nixe Roxana gegeben hatte. Was den geheimen Ort am Schieferstein anbelangt, so ist der auch heute noch ein Kraftplatz, wohin an einem sonnigen Sonntag nicht wenige Leute hinaufwandern, um neue Kraft und Energie zu schöpfen, ein Ort, an dem die Sonne eben ein bisserl öfter zu sehen ist als anderswo.

Buschwindröschen

Wenn die Sonne mehr und mehr an Strahlkraft gewinnt, die Wiesen sich schön langsam von braun auf grün umfärben, möchte man beinahe glauben, der Frühling hätte den Winter gar schon besiegt. Wenn man noch dazu Buschwindröschen und anderen Frühblühern begegnet und sieht, wie sie sich im Frühlingslüftchen wiegen, sind die Frühlingsgefühle nahezu perfekt.

Buschwindröschen gehören zur Familie der Hahnenfußgewächse und gelten als giftig. Ihre Essenz wurde angeblich früher zur Behandlung von Warzen, Sommersprossen und Rheuma angewendet. Was ich über die Magie des zerbrechlich wirkenden Blümeleins herausgefunden habe, hat mich zu folgender Geschichte inspiriert.

Von alten Verletzungen, neuen Wegen und der Strahlkraft des Inneren

Es war einmal ein König. Sein Reich war groß, denn er hatte die Grenzen immer wieder durch erbitterte Kriege ausgedehnt. Die Untertanen waren hörig – schließlich war er ein strenger, despotischer Herr. Trotzdem wurde er geachtet, denn er war zu sich selber genau so hart wie zu seinen Untertanen. Ob seiner Erfolge hätte er eigentlich glücklich sein müssen, wenn da nicht die Sorge um seinen einzigen Sohn Sigismund gewesen wäre.

Um seinen Sprössling zu einem ebenso guten Herrscher zu machen, wie er es seiner Meinung nach selber war, hatte er dem Buben eine militärische Erziehung angedeihen lassen. Von der Mutter, die ohnehin viel zu früh sterben musste, wurde er bereits mit vier Jahren getrennt. Von einem verweich-

lichten Prinzregenten hatte schließlich niemand etwas. Je älter der junge Mann allerdings wurde, desto hässlicher, grobschlächtiger und unangenehmer entwickelte er sich. Niemand wollte etwas mit ihm zu tun haben, und sämtliche Minister zermarterten sich Tag und Nacht die Köpfe, wie sie «das Problem» verschwinden lassen, oder zumindest lösen könnten. Der Prinz war bald der hässlichste und verhassteste Mensch im ganzen Königreich.

Lediglich für seine Rosen konnte der junge Mann Gefühle aufbringen. Seiner Rosenzucht schenkte er seine ganze Liebe. Doch auch hier konnte der Prinz nie völligen Frieden finden. Die Rosenblüten gefielen ihm, das stimmte natürlich, ihr Duft betörte seine Sinne, aber den harten geraden Stiel und ihre spitzen Dornen konnte er nur schwer ertragen. Viel zu sehr erinnerten sie ihn an die Stacheln, die die Worte von Vater und Erzieher Tag für Tag enthielten oder an seinen Rücken, der immer steifer wurde, je mehr Schläge er einstecken musste.

Weil die Leute ohnehin froh waren, wenn sie dem Widerling nicht begegneten, brachte er bald viele Stunden in seinem Rosengarten zu. Er hatte sich in den Kopf gesetzt, eine zarte Rose mit weichem Stängel ganz ohne Dornen zu züchten. Wenn ihm das gelänge, würde alles gut werden, da war sich Prinz Sigismund ganz sicher.

So viel er sich jedoch abmühte – das erhoffte Wunder wollte nicht gelingen. Außer sich vor Zorn, das puterrote Gesicht in noch hässlichere Falten gelegt als sonst, rannte er hinaus, polterte über die Zugbrücke, bis er in einem kleinen Wäldchen zur Besinnung kam. Als er bemerkte, dass er Samen, Stecklinge und Rosenstöcke noch immer in seinen Fäusten hielt, warf er alles in den Wind.

Da wurde die Frühlingsbrise stärker und stärker, und im Wehen des Windes vermeinte er gar zarten Singsang zu hören. Wie von Feenhand öffneten sich im Frühlingswind zarte weiße Blütchen über dem Waldboden, genau an der Stelle, an der der Prinz eben die Überreste seiner Rosenzucht verstreut hatte.

«Nenne sie Buschwindröschen» flüsterte der Wind. «Dies ist die Lichtung der Feen. Weil sie Mitleid mit dir haben, haben sie beschlossen, dir zu helfen. Komm morgen früh zeitig wieder. Pflücke ein paar der taunassen Blüten mit den Lippen, lege sie in Wasser ein und trinke von der Essenz. Sie kann dir helfen, die alten Verletzungen deiner Seele zu heilen.»

Der Prinz war wie in Trance und tat, wie ihm geheißen. Da geschah eine wunderbare Verwandlung. Denn als der böse Blick zu weichen begann, sich die zusammengezogenen Augenbrauen entspannten und die Wutfalten glätteten, war der hässliche junge Mann plötzlich von einer inneren Schönheit erfüllt. All die Hässlichkeit war zusammen mit dem Hass und Zorn von ihm abgefallen.

So ist es nicht verwunderlich, dass aus dem spartanischen Militärstaat schon bald ein Ort des Friedens und der Nächstenliebe wurde. Und als im darauffolgenden Frühjahr die Hochzeitsglocken im Frühlingswind läuteten, munkelte man, das ätherisch anmutige Geschöpf an Prinz Sigismunds Seite sei die Feenkönigin selbst, die ihn durch das Geschenk des lieblichen Buschwindröschens erlöst hatte.

Veilchen

Veilcheneis, Veilchenessig, Veilchensirup, Veilchentee ... – es ist unglaublich, wie vielseitig das zarte lila Blümchen ist, das in den letzten Tagen so häufig am Wegrand zu finden ist.

Nicht nur sein Duft macht das Veilchen zu einem wahren Tausendsassa, nein auch heiltechnisch wird ihm viel zugetraut. Die Naturheilkunde setzt es bei Husten, Bronchitis und Halsentzündungen ein. Als Bachblüte steht Veilchen-Blütenessenz im Zeichen des Selbstbewusstseins und der Fähigkeit, zu sich selbst zu stehen. Sie soll so manchem sensiblen Menschenkind, so sagt man, zu Gehör und mehr Durchsetzungsvermögen verholfen haben.

Allerliebst ist jene alte Überlieferung, die vom Wiener Kaiserhof erzählt wird: Es soll dort Brauch gewesen sein, das erste Veilchen der Donauauen zu begrüßen. Das sittsamste Mädchen durfte es – begleitet vom ganzen Hofstaat – pflücken. Nach welchen Kriterien dieses ausgewählt worden ist, konnte ich leider bis heute nicht aufstöbern ; -)

Der Veilchenkönig

Lange vor unserer Zeit lebte in einem Land ein junger König. Er war schön, reich und kerngesund. Sein Königreich war wegen der vielen wunderschönen kleinen violetten Blümchen, die jedes Frühjahr rundherum wucherten, weit über seine Grenzen berühmt. Doch weil der junge König alles hatte, was sich ein Mensch nur wünschen konnte, wurde er mit der Zeit trübsinnig und stumpf. Er brauchte nur mit den Fingern zu schnipsen – schon wurde ihm jeder Wunsch von den Augen abgelesen. Bald fehlten dem jungen König jegliche Ziele im Leben. Und so war es nicht verwunderlich, dass auch die Stimmung am Hof von Tag zu Tag trübsinniger wurde.

Da verkleidete sich unser junger König eines Tages als Bauer und schlich sich zu einer Wahrsagerin ins Dorf hinunter. «Heilt euer Herz!», lautete die Botschaft der Alten. «Der Schlüssel zum verlorenen Glück liegt in den violetten Blumen...»

Die Worte der Wahrsagerin machten den jungen König um kein bisschen schlauer. Meinte sie etwa wirklich einen Schlüssel? Vielleicht hatte ihn jemand in den violetten Blumen verloren? War es gar er selbst gewesen? Wo war das Schloss, zu dem der Schlüssel passte? Als er durch das viele Grübeln noch rastloser wurde, riss ihm eines Tages die Geduld und er befahl, alle violetten Blumen ausreißen zu lassen. Mit dem Resultat, dass alles noch farbloser wurde. Den Schlüssel jedoch suchte er weiterhin vergeblich.

Verzweifelt ließ der junge König sein Pferd satteln und ritt davon. Als die Nacht hereinbrach, band er sein Pferd an einem Baum fest und legte sich im Schutze der ausladenden Krone schlafen. Früh am Morgen wurde er durch ein fröhliches Pfeifen geweckt. Als er die Augen aufschlug, bemerkte er, dass er in einem Teppich aus den violetten Blumen geschlafen hatte, die er in seinem Land hatte ausreißen lassen. Das fröhliche Pfeifen kam von einem wunderschönen Mädchen, das unweit von ihm im Gras hockte und die violetten Blumen pflückte.

«He, du! Warum pflückst du so viele violette Blumen, Mädchen?», wollte der junge König wissen. «In diesem Land nennt man die violetten Blumen Veilchen!», entgegnete das Mädchen. «Man kann sie als Tee gegen Husten verwenden, Veilchencreme hilft gegen Kopfweh und ist gut für die Haut. Was aber am besten ist, Veilchen kann man in Zucker kandieren oder als Eis essen – so ein Eis ist gut für Körper, Geist und Seele. Wenn du noch mehr über meine geliebten Veilchen erfahren willst, so komm mit. Ich will dir etwas zeigen. Ach ja, meine Name ist übrigens Violet.»

Neugierig geworden, begleitete der Prinz Violet zu ihrem kleinen Häuschen, das auf einer sonnigen Waldlichtung stand. Als sie die Haustür öffnete, konnte der junge König seinen Augen nicht trauen. Im ganzen Raum häuften sich Veilchen in Hülle und Fülle. «Stell dir vor, die hat der König im

Nachbarland einfach ausreißen lassen. Gott sei Dank war ich in der Nähe und habe wenigstens einen Teil davon gerettet.»

Da fiel es dem jungen König wie Schuppen von den Augen: «So war das also gemeint! Die Veilchen selbst sind der Schlüssel zu meinem Glück.» Da vertraute er kurzerhand Violet – deren Name sogar Veilchen bedeutete – die ganze Geschichte an. Als er kurze Zeit später um ihre Hand anhielt, folgte sie ihm in sein Königreich. Und nachdem Violet die Veilchen in ihrer neuen Heimat wieder angepflanzt hatte, wurde eine rauschende Hochzeit gehalten. Von nun an erforschten die beiden gemeinsam die Wirkung des Veilchens und lebten glücklich und zufrieden bis an ihr Ende.

Jeden Nachmittag zur Teestunde setzten sie sich zusammen und aßen Veilcheneis mit Zuckerblüten. «Roses are red, violets are blue, sugar is sweet and so are you...», flüsterte der König Violet ins Ohr und steckte ihr verliebt ein kandiertes Veilchen in den Mund.

Bärlauch

Als der kleine Bär den Himmel verließ

Es waren einmal zwei Sternbilder am großen Himmelszelt, die nannten sich auch damals schon der große und der kleine Bär. Eines Tages jedoch, da wurde dem kleinen Bären gehörig langweilig dort oben, denn er hatte niemanden zum Spielen. Und als der große Bär einmal nicht schaute, ist er – mir nichts, dir nichts – abgehauen, um nachzusehen, was sich auf der Erde unten tat.

Sein Übermut entpuppte sich schon bald als schwerer Fehler, denn wohin er auch sah, überall waren nur Wald, Gestrüpp und hohe Bäume. Weit und breit war da kein Spielgefährte zu sehen. Als er einige Zeit lang in den großen Wäldern herumgeirrt war, merkte er plötzlich ein brennendes Gefühl in der Körpermitte. Was konnte das bloß sein? Am Himmel oben hatte er so etwas noch nie gespürt, aber da hatte er auch kein dickes Bäuchlein und kein zotteliges braunes Fell gehabt.

Während er so grübelte, begann es in seiner Magengrube auch noch wie Donner zu rollen und zu grollen. «Jetzt hab ich aber genug», dachte der kleine Bär bange. «Es ist besser, ich mache ein Wölkchen und geh wieder rauf aufs Himmelszelt zu meinem lieben Freund, den großen Bären.

Doch da bemerkte er, dass er sich anstrengen konnte, was er wollte, die Rückreise wollte ihm einfach nicht gelingen. Je mehr er sich anstrengte, desto schwächer fühlte er sich. Trotz des stechenden Schmerzes in seiner Körpermitte und unendlich müde rollte er sich unter einem Busch, der neben einen Bächlein wuchs, zusammen und fiel sogleich in einen tiefen, traumlosen Schlaf.

Das kleine Indianermädchen Anuk streifte gerne durch die Wälder rund ums Lager ihres Stammes. Sie liebte es, Pflanzen zu suchen, Tees und Salben daraus herzustellen und kranken Tieren zu helfen. Die kleine Anuk war schon eine richtiggehende kleine Heilerin.

Die geballte Kraft des Frühlings wird häufig besonders einer Pflanze zugeschrieben, nämlich dem Bärlauch. Als Bärenpflanze war sie sowohl in der weißen als auch in der schwarzen Magie in Gebrauch. Ihre Kraft war seit der Antike bekannt, wo Gelehrte, so sagt man, beobachtet haben, wie zottelige Bären sich nach dem Winterschlaf am Bärlauch satt aßen, um kurze Zeit später mit glattem und glänzendem Fell für die Frühlingsjagd bereit zu sein. In der Heilkunde wird Bärlauch als blutreinigendes Kraut empfohlen. Außerdem soll er sich bei Bluthochdruck und hohem Cholesterinspiegel positiv auswirken.

Heute war sie unterwegs, um die nach Knoblauch duftende Pflanze zu sammeln. Sie wollte sie den Tieren bringen, damit sie nach dem langen Winter wieder ein schönes, glänzendes Fell bekamen. Die Frauen würden daraus auch sicherlich eine kräftige leckere Suppe kochen. Ja, sie konnte die Suppe schon förmlich riechen. Noch immer schnuppernd, stolperte das Mädchen plötzlich über die Tatze eines schlafenden Bärenjungen. «Du meine Güte! Wer bist du denn? Ein Bärenjunges! Du bist ja schon ganz schwach!» Instinktiv wusste Anuk sofort, was zu tun war, und hielt dem kleinen Bären ein Büschel Bärlauch vor die Nase. Müde blinzelnd sah sie der kleine Bär vorsichtig an. «Ja, Kleiner, hab keine Angst! Kannst du noch selber fressen? Hier, friss ein Blättchen davon, damit du wieder zu Kräften kommst!»

Vertrauensvoll fraß der kleine Bär das ganze Büschel in Anuks Hand auf. Als sie ihm weiteren Nachschub brachte, spürte er, wie seine Kräfte zurückkehrten. Auch der Schmerz in seiner Körpermitte war auf wundersame Weise verschwunden.

Da hörte es Anuk im Unterholz knacksen. Auch Männerstimmen drangen an ihr Ohr. «Die Jäger kommen! Ist deine Mutter in der Nähe, kleiner Bär? Oder hast du wenigstens andere Bären, mit denen du gehen kannst? Hier musst du jedenfalls schnellstens weg. Unsere Jäger würden dir sonst das Fell über die Ohren ziehen!»

Der kleine Bär nickte. Doch bevor er ging, machte er Anuk ein gar seltsames Geschenk: In ihrer Hand lag plötzlich eine Bärenkralle. Doch als sie aufsah, um ihm zu danken, war ihr kleiner Freund verschwunden. «Komisch, von dieser Bärenkralle geht eine seltsame Kraft aus. Mir ist, als würde sie meine natürlichen Heilinstinkte noch verstärken und mir neues Heilwissen schenken. Ich werde daraus ein Amulett machen!»

Auch droben am Himmelszelt herrschte große Freude über die Rückkehr des kleinen Bären. Zum Dank für die Rettung seines Gefährten verdoppelte der große Bär die Kräfte der Wunderpflanze. Als heil- und zauberkräftige Bärenpflanze ging sie bald unter dem Namen Bärlauch sowohl in die Geschichte als auch in die Kochbücher ein.

Brennnessel

oder: Das Geheimnis vom grünen Viagra

Wenn die Sonne nach dem Winter schön hervorlacht, strecken die ersten Frühblüher freudig ihre Blattspitzen aus der Erde. An Hausmauern und Plätzen, auf die sich die Sonne schön anlehnt, obwohl sie nicht besonders gepflegt sind, werden schon bald die ersten Brennnesseltriebe zu sehen sein.

In Form von Brennnesseljauche wirkt die Pflanze als Gartendünger wahre Wunder. Auch den Brennnesselspinat kennen die meisten.

Ihr vielleicht spannendstes Geheimnis, das besonders den Samen der Brennnessel innewohnt, hütete die Pflanze allerdings viele Jahre wie ihren Augapfel – lediglich eine Handvoll Eingeweihter wusste über ihre «anregende» Wirkung Bescheid. Wie das Geheimnis der Brennnessel wieder ins Gedächtnis der Leute zurückgerufen wurde, erzählt meine heutige Geschichte. Viel Spaß beim Lesen und Ausprobieren.

Wie der Dunzinger Rosshändler «unversegns» zum Eheretter wurde…

Der Dunzinger Rosshändler rieb sich schadenfroh die Hände: «Schon wieder so ein Depp, der mir seinen alten Gaul um ein Vergeltsgott dagelassen hat. Ja, ja, es stimmt schon, was die Leute immer sagen: Jeden Morgen steht ein Dummer auf! Aber mir soll's recht sein!» Mit einem breiten Grinsen im fleischigen Gesicht sah er vor sich schon die glänzenden Münzen, die ihm dieses Geschäft wieder einbringen würde. Durch das alte Rezept, das ihm der Großvater – Gott hab' den alten Halsabschneider selig – hinterlassen hatte, brachten ihm die ältesten Gäule den größten Gewinn ein.

Das Rezept war natürlich ein Geheimnis und wurde von Generation zu Generation wie ein Augapfel gehütet. Schlaue Füchse, die die Dunzinger Rosshändler seit jeher waren, verfütterten sie einem alten Pferd vor dem beabsichtigten Verkaufstermin eine Woche lang Brennnesselsamen. Die Wirkung war phänomenal, denn die Tiere gebärdeten sich daraufhin wie junge Wildpferde – wenn auch nur für kurze Zeit. Und frei nach dem Sprichwort «Einem geschenkten Gaul schaut man nicht ins Maul» kamen die Käufer meist gar nicht auf die Idee, dem Tier ins Maul zu schauen, um so das Alter im Groben zu überprüfen – schließlich gab es für die vierbeinigen Freunde damals weder «Pickerl» noch Serviceheft.

Am darauffolgenden Sonntag kam er am Wirtshaustisch mit dem sparsamen Schusterbauern Simmerl ins Gespräch. Der hatte sich nach reichlichen Überlegungen endlich dazu durchgerungen, ein zweites Pferd anzuschaffen. Der Dunzinger hatte da natürlich genau das Richtige für ihn: «Ja, Simmerl, da kommst am Besten gleich morgen bei mir vorbei und siehst dir das stolze Ross an, das ich grad vor einer Woche hereinbekommen hab'. Ein Temperament hat das Vieh, das kann ich dir sagen! Trotzdem ist es ein kreuzbraves Arbeitstier. Eigentlich wollt' ich es ja am liebsten selber behalten, aber ich hab halt im Moment gar keinen rechten Platz dafür.»

Der Simmerl nickte freudig mit dem Kopf. Ja, er wollte gleich am Montag einen Blick auf das Pferd werfen. Das Verkaufsgespräch dauerte nicht lange, und schon zum Mittagessen stand der Simmerl mit dem Neuzugang vor seiner Haustür. «Da hat er dir das richtige Pferd angedreht, der Dunzinger!», machte sich seine Frau, die Resl, wichtig. Der alte Gaul hat mindestens so schütteres Haar wie du!» Die Resl war um gut 15 Jahre jünger als ihr Ehemann und kam sich momentan ziemlich vernachlässigt vor. Tagsüber rackerte der Simmerl selber wie ein Ross, am Abend fiel er todmüde ins Bett, und am Sonntag legte er sich gleich nach dem Mittagessen nieder; schließlich musste er irgendwann einmal rasten. Für die Resl blieb da nur wenig Zeit übrig, und Zärtlichkeiten gab's zwischen den beiden schon lange nicht

mehr. Dabei hätte sich die Resl so sehr ein Kind gewünscht. Insgeheim spielte sie sogar mit dem Gedanken, dem Simmerl davonzulaufen. So was wie Scheidung sollte es ja geben, das hatte sie kürzlich in einem Groschenroman gelesen.

Ein paar Tage später sollte sich Resls Verdacht bewahrheiten. Das Pferd erwies sich wirklich als himmelalt und abgerackert. Der Simmerl konnte dem Gaul maximal das Gnadenbrot am Hof ermöglichen – das wollte er sich aber noch überlegen. Immerhin kostete ihn das Geld, und so ein Pferdeleberkäs war ja auch was ganz Feines. Immer wieder raufte er sich die Haare vor lauter Wut. «Wie konnte ihm das bloß passieren – sich vom Dunzinger derart hineinlegen zu lassen?!»

Als er den Rosshändler zur Rede stellen wollte, war dieser allerdings nicht anzutreffen. Freundlich, aber bestimmt, gab ihm die Haushälterin ein jedes Mal die Auskunft, der Herr Dunzinger wäre am Markt, beim Doktor oder geschäftlich unterwegs. Das drückte natürlich auch die Stimmung am Schusterbauernhof gehörig, und der Haussegen hing noch ein bisserl schiefer – so das überhaupt noch möglich war. Da wurde es der Resl eines Abends zu bunt und sie beschloss, die Initiative zu ergreifen, nahm Hut und Umhang vom Haken, und schon hörte man die schwere Haustüre fest hinter ihr ins Schloss fallen.

Zu so später Stunde erwartete der Dunzinger Ludwig eigentlich keine Besucher mehr, und so ging er neugierig selber zur Haustür. Als er sah, wer sich da vor ihm aufbaute, trat er zur Sicherheit gleich einen großen Schritt zurück und sah sich insgeheim nach einer Fluchtmöglichkeit um.

«Du bist mir ein ganz Gerissener, Rosshändler!», fuhr ihn die Resl forsch an. «Den armen Simmerl derart zu betrügen, ihm einen lahmen alten Gaul als junges Wildpferd anzupreisen! Pfui, schäm dich! Ist dir eigentlich klar, dass das nicht rechtens ist!» «Ich hab' nichts Unrechtes getan! Wovon ist überhaupt die Red'? Und außerdem, wenn'st mir so kommst, dann musst mir schon ein' Zeugen bringen!» Jetzt hatte der Dunzinger die gewohnte Selbstsicherheit wiedererlangt. Schließlich war der Simmerl nicht der erste, der auf den Rosshändler hereingefallen war.

«Du weißt schon, dass mein Bruder Polizeiinspektor ist und im Kriminaldezernat arbeitet!», spielte die Resl ihren größten Trumpf aus. «Entweder du sagst mir, wie du den alten Gaul so aufgepeppt hast, oder ich geb' die Sache an die Polizei weiter!» Da bekam der Dunzinger ganz weiche Knie. An diese Verbindung hatte er bei dem Geschäft nicht gedacht. Das könnte diesmal wirklich ins Auge gehen. «Gut, ich will's dir verraten!», begann er stotternd.

«Aber ich will alles schriftlich machen. Wenn'st mich trotzdem anzeigst, dann soll auch euer anderes Pferd mir gehören.» Das war der Resl recht, und so wurde sie in das lang gehütete Familiengeheimnis der Dunzingers eingeweiht. «Ha, ha, ha...!» Die Resl hielt sich die Seiten vor Lachen. «Dunzinger, jetzt hast mich auf eine Idee gebracht. Du ahnst ja gar nicht, wie du mir mit deiner Schlitzohr-Tour geholfen hast – falls es wirkt, versteht sich.» Und schon machte sie sich vergnügt pfeifend und beschwingt auf den Nachhauseweg. Den völlig verdutzten Dunzinger ließ sie mit herunter hängender Kinnlade baff auf der Türschwelle zurück.

Die Resl hatte nämlich, als alte Krimifreundin, sofort kombiniert. Was bei so einem alten Gaul Wunder wirkt, das kann doch auch an einem faden Ehemann nicht spurlos vorübergehen. Und so wurde beim Schusterbauern ab jetzt fleißig Brennnessel verkocht. Einmal gab's Brennnesselsüppchen mit gerösteten Brotwürfeln, ein andermal Brennnesselspinat und dann wieder ein Brennnessel-Gröstl mit Eiern und Brot. Zum Knabbern gab's Knäckebrot mit Brennnesselsamen und zum Schlafengehen einen Brennnesseltee mit Honig. Dem Simmerl erklärte sie, dass eben jetzt gespart werden müsse, immerhin habe er ja das Ersparte in den lahmen Gaul investiert.

Und so wurde das Geheimrezept der Dunzinger Rosshändler auch zum Geheimrezept der Schusterbauern-Frauen, das auch diese gut hüteten und von Generation zu Generation weiterreichten. Schließlich sollte es beim Simmerl sensationell wirken. Schon im nächsten Frühjahr stellte sich der lang ersehnte Hoferbe ein, dem noch weitere fünf Geschwister folgten.

Hundert Jahre später dürfte sich allerdings doch einmal eine Schusterbäuerin verplappert haben, denn heutzutage sind Brennnesselsamen weithin als «Grünes Viagra» bekannt...

Giersch / Erdholler

Die drei ungleichen Geschwister

Während der Maifeiertage hat das Garteln Hochsaison. Das Wetter ist ideal. In den Beeten wird gegraben, gesät, gepflanzt und gejätet, was das Zeug hält. Gartenarbeit leert schließlich den Kopf aus, wenn der von der Arbeit wieder mal zum Bersten voll ist. Ein willkommener Ausgleich für alle, die sich gerne die Sonne ins Gesicht scheinen lassen. Manchmal allerdings gibt's auch im Garten Ärger. Gerade heute ist es mir so ergangen – und zwar dann, als ich wieder einmal die vielen unzähligen kleinen Wurzelausläufer vom Giersch aus dem Blumenbeet gegraben habe. Lästig, zäh und unglaublich hartnäckig ist dieses kleine drei mal drei blättrige Unkraut. So oft man den Doldenblütler ausgräbt, ein paar Wochen später grinst er dir schon wieder hämisch zwischen Blumen, Kräutern und Gemüse entgegen.

Von den vielen positiven Aspekten des Erdhollers will man zumindest bei der Gartenarbeit oft kaum etwas wissen. Dabei ist er eine ergiebige Vitamin C-Quelle, hilft beim Entschlacken und wurde früher in der Volksheilkunde zur Behandlung von Gicht eingesetzt. Daher kommen auch die Namen Podagrakraut und Zipperleinkraut. Lecker schmeckt er als Bestandteil der Gründonnerstagssuppe (Suppe aus neun Kräutern) oder auch im Spinat oder Salat.

Kann eigentlich jemand, der so lästig ist, allein die Schuld an seinem Verhalten tragen? Dieser Frage, nämlich: «Wie ist der lästige Erdholler zu dem geworden, was er heute ist, und warum nennt man ihn eigentlich Giersch oder Erdholler?», bin ich beim Schreiben meiner heutigen Geschichte auf den Grund gegangen…

Wie der Giersch zu seinem Namen kam…

Als der liebe Gott die wundersame Welt der Pflanzen und Kräuter erschuf, setzte er eines Tages drei recht ungleiche Geschwister ins Leben. In seiner Eile – er hatte schon Abertausende erschaffen und war noch immer der Meinung, dass einige fehlten – gab er den Dreien vorerst nur einmal den Familiennamen «Holler» oder «Holunder». «Vornamen» würden sich mit der Zeit schon noch ergeben.

So kam es, dass die drei Hollerstauden nebeneinander am Waldesrand ihren Platz eingenommen hatten. Zwei davon waren sich recht ähnlich. Sie waren von gleicher Statur, prächtig anzusehen – nur die Beeren, die sie trugen, unterschieden sich in ihrer Farbe. Die einen leuchteten in verführerischem Rot, die der anderen Schwester wirkten in ihrem magischen Dunkelviolett bis Schwarz ebenfalls recht anziehend. Und dann war da noch die Dritte. Ihre Blütendolde war zwar, wie die der anderen, weiß. Nur das mit dem Fruchtbringen schien einfach nicht ihr Ding zu sein. Außer ein paar verdorrt wirkenden Samen wollte ihr nichts gelingen.

«Na bitte, ich hab's ja schon immer gesagt!», mokierte sich die aparte rote Hollerstaude. «Die da drüben kann gar nicht unsere richtige Schwester sein. Entweder ist sie ein Kuckucksei, oder aber unsere Mutterstaude hatte eine Affäre! Ach wie entsetzlich!» «Affäre, das kann man wohl sagen!», plusterte sich die schwarze Hollerstaude auf. «Fragt sich nur mit wem? War's der Bärenklau oder gar die wilde Möhre? Ach, zu peinlich das Ganze!» «Ich wette, es war eine Distel – kratzbürstig, wie unsere sogenannte Schwester ist, würde mich das gar nicht wundern! Und gierig ist sie auch. Gierig und ‹schiach›, jawohl!» «Ganz meine Rede, liebe Schwester, ganz meine Rede! Gierig und ‹schiach› dazu. Schuld war sicher wieder Nachbarin Tollkirsche – der bloße Geruch ihrer Beeren muss unseren Mutterbaum – Gott hab ihn Selig – um den Verstand gebracht haben.»

Tief grübelnd stand die ungleiche Schwester neben ihnen. Tag für Tag blieb ihr nichts anderes übrig, als sich die Gemeinheiten der Beiden anzuhören. Wären da nicht ihre Wurzeln gewesen, sie hätte sich schon längst aus dem Staub gemacht. An einem lauen Sommerabend kam Gevatter Fuchs des Weges. Als ihm zu Ohren kam, was die gemeinen Schwestern von sich gaben, tätschelte er ihr mitleidig das Blütenköpfchen und meinte: «Du müsstest es so machen wie die Menschen. Die machen oft aus heißer Luft eine Sensation. Man nennt das PR oder auch Public Relation. Mit guter PR wirst du im Nu berühmt, dann trauen sich deine Schwestern sicher nicht mehr, dich so zu verhöhnen. Wenn du willst, helfe ich dir, dein Image zu verbessern. Hier allerdings, wird das etwas schwierig werden.»

Während sie grübelten, gesellte sich der weise Rabe zu ihnen. «Mein armes Kind», krächzte er mitleidig. «Wir sollten gemeinsam einen Plan aushecken. Ich bin weit herumgekommen und habe dabei auch Tier und Mensch genau beobachtet. Mit vereinten Kräften und geteiltem ‹Know How› werden wir sicher eine Lösung für dein Problem finden. Einen klitzekleinen Haken hat die Sache allerdings schon. Neben diesen beiden eingebildeten ‹Krautstauden› wirst du nie genug Energie aufbringen können, um deine Lage zum Positiven zu verändern. Sie werden so lange bohren, bis du völlig am Boden zerstört bist. Dabei ist die eigene Ausstrahlung in gutem PR doch so enorm wichtig!»

So schmiedeten die drei einen Plan. «Ich werde ausziehen, Schwestern!», verkündete das Sorgenkind kurze Zeit später. «Ich hab' nämlich endgültig genug von euren Gemeinheiten. Aber vergessen werdet ihr mich nie, das schwör' ich bei meinem Namen!» «Wie bitte? Und was soll das heißen – bei meinem Namen? Du hast doch nicht einmal einen eigenen. Jetzt ist unser Möchtegern Schwesterchen nicht nur gierig und ‹schiach›, sondern auch noch plemplem». «Das ist ganz einfach, liebe Schwestern. Ich haue ab! Zuerst ziehe ich hinunter auf die Erde und dann werde ich so richtig berühmt!»

«Das hat die Welt noch nicht gehört! Ausziehen! Berühmt werden!» Die Schwestern hielten sich die Seiten vor Lachen. «Ja ja, lacht nur! Ihr werdet schon sehen; bei den Gärtnern werde ich schon bald Tagesgespräch sein. Außerdem werde ich ab jetzt hartnäckig sein – so hartnäckig, wie ihr beide mich die ganze Zeit über gepeinigt habt. Kennen wird mich ein jedes Kind, und aufgrund meiner vitaminreichen Blätter werde ich es sogar auf die Teller von Königen schaffen. Außerdem habe ich ab jetzt einen eigenen Namen – im Gegensatz zu euch! Gestatten ‹Erdholler›.

Mein Künstlername aber wird Giersch sein – na klingelt's da bei euch?? Gierig und ‹schiach› – Gier-sch! So habt ihr mich doch immer verspottet! Und eigentlich habt ihr mir damit nur einen Gefallen getan. Denn für gute PR braucht man einen ausgefallenen Namen, das weiß doch jedes Kind! Und falls ihr nicht wisst, was PR ist, dann fragt doch den Fuchs und den Raben. Die beiden sind Fachmänner auf diesem Gebiet!», sprach der Giersch, und weg war er. Seine Versprechen aber sind bis heute allgegenwärtig.

Von diesem Tag an arbeitete er hart und setzte all seine Pläne in die Tat um. Die Wurzeln vom Erdholler sind noch heute so hartnäckig, dass es kaum einen Gärtner gibt, der nicht über ihn redet. Er ist so gesund und vitaminreich, dass seine Blätter bereits im 14. Jahrhundert einen Fixplatz im Suppenteller des polnischen Königs erhielten. In der Gründonnerstagssuppe darf er bis zum heutigen Tag nicht fehlen. Nur das mit dem Namen Giersch – also gierig und «schiach» ist über die Jahre in Vergessenheit geraten, was wohl mit dem Dialekt zusammenhängen muss.

Wer sich jetzt fragt, ob der Giersch (oder Erdholler) als ursprünglich eine der drei Schwestern männlich oder weiblich ist, dem kann ich nur so viel verraten: Das Kräutlein Giersch hat seine Hausaufgaben auch in puncto Geschlecht peinlich genau erledigt, denn auch hier gilt die Regel «Egal, Hauptsache, die Leute reden über mich!»

Und da solche Geschichten meist noch über eine Moral verfügen, hat sich unser Giersch folgende ausgedacht: «Es geht nichts über eine ordentliche PR!»

Gundelrebe

Wie die Gundel ihr Glück gefunden hat…

Die Gundelrebe ist eine Pflanze, die in letzter Zeit bei uns ums Haus regelrecht wuchert. Daher blieb mir fast nichts anderes übrig, als mich über die Bedeutung dieser alten Heilpflanze schlau zu machen.

Bei den Kelten, Germanen und Slawen war die Gundelrebe heilig. Man glaubte, dass sich unter ihren nierenförmigen Blättern mit dem Hof verbundene Geister und Heinzelmännchen aufhielten. Weil sie Kraft geben und Krankheiten fernhalten sollte, war sie wichtiger Bestandteil der Gründonnerstagssuppe (9-Kräuter-Suppe).

Man sagt der Gundelrebe außerdem die Wirkung nach, Eiter zu bekämpfen und schlecht heilende Wunden schließen zu können, worauf auch der Name des Kräutleins hinweist: Gund ist das altgermanische Wort für Eiter. Für Reisende, die viel unterwegs sind, gilt die Gundelrebe als idealer Bleiausleiter.

Vor langer Zeit lebte am Rande des Hausruckwaldes der Kronstein-Bauer. Er war verwitwet und hatte sieben Töchter. Die Älteste, sie war auf den Namen Gundel getauft, half ihm schon recht tüchtig bei der Arbeit – vor allem beim Kinder hüten. Trotzdem haderte der Witwer oft mit seinem Schicksal und war unzufrieden. Da half nichts anderes, als seinen Kummer beim Krögner Wirt in ein paar Schnapserln zu ertränken. Aber in letzter Zeit konnte ihn auch der Rausch nicht mehr so recht besänftigen. Er wurde nur noch unzufriedener. Wenn er vom Wirtshaus heimkam, zog er die Gundel an den Haaren und zauste die kleineren Mädchen, bis allesamt Reißaus nahmen und oben auf dem Heustock warteten, bis der Vater den Rausch ausgeschlafen hatte.

Wer aber war Schuld an dem Unglück? Natürlich die Frauen. Für seine erste Frau, die schöne Ursula, wollte er die Sterne vom Himmel holen. Wie stolz war er gewesen, als er, der kleine Kronstein-Bauer, das schönste Mädchen im Dorf als seine Braut heimgebracht hatte. Doch das Glück sollte nur knapp ein Jahr dauern. Ursula war bei Gundels Geburt gestorben. Und das konnte er, auch wenn er es nicht zugab, seiner Ältesten nicht verzeihen. Es dauerte sieben Jahre, bis er sich wieder in den Bund der Ehe wagte. Eine brave, anständige Frau war sie, die Barbara – und fleißig obendrein. Aber auch sie konnte ihm den lang ersehnten Erben nicht schenken. Es waren wieder nur sechs Dirndln. Und jetzt war er wieder allein. Die Arbeit wuchs ihm über den Kopf, und von den kleinen Mädchen konnte er sich keine Hilfe erwarten, sie waren ihm eher eine Last.

Als er am Sonntagabend wieder beim Wirt unten saß – draußen prasselte der Regen wie aus Kannen auf die Schindeln herunter – betrat ein Fremder die Wirtsstube. Er war auf dem Weg ins Salzburgische vom Unwetter überrascht worden und hatte viel zu erzählen. «Habt ihr schon gehört, was dem Herrn von Uttendorf passiert ist? Auf seinem Gut ist ihm der halbe Viehbestand verreckt, und um den Rest soll's auch nicht gut bestellt sein. Als hätt' er damit nicht schon genug Sorgen, soll's auch seinem Sohn, dem jungen Herrn Gebhart, seit Monaten nicht besonders gut gehen. Blass und schmal sieht er aus und will sich am Leben gar nicht mehr freuen. Grund ist angeblich der allzu frühe Tod des jungen Fräuleins von Hartenstein, das er hätt' heiraten wollen. Die Schwindsucht hat sie dahingerafft. Nun glaubt der Herr von Uttendorf, seine Familie wäre gar verhext worden. Und weil ihm eine alte Seherin gesagt hatte, dass ihm nur ein junges Mädchen helfen könne, will er derjenigen seinen Sohn zum Manne geben, die den Fluch lösen könne.»

Diese Geschichte wollte dem reichlich beduselten Kronstein-Bauern nicht mehr aus dem Sinn gehen. Zu Hause angekommen, polterte er in die «Menschakammer», riss Gundel grob aus dem Bett und zerrte sie hinter sich her in die Stube. «Pack deine Sachen, wir gehen nach Uttendorf hinüber!», befahl ihr der Vater schroff. Die zu Tode erschrockene Gundel tat, wie ihr geheißen, weil sie ja wusste, dass ihn ein «Nein» in diesem Zustand nur

erzürnen würde. Insgeheim betete sie jedoch inbrünstig, dass der Vater bald wieder zur Vernunft kommen möge.

Draußen war es bitter kalt. Ein fahler Herbstmond tauchte den Weg in gespenstisches Licht. Der Kronsteiner schritt wortlos dahin. Die arme Gundel neben ihm zitterte vor Angst und Kälte. Beim Schloss angekommen, hielt er noch einmal kurz vor dem großen Tor inne, dann klopfte er, ohne sich noch einmal umzudrehen. «Hier habt ihr meine Tochter», bedeutete er dem stattlichen Diener, der ihm auftat. «Sie hat besondere Fähigkeiten. Ich bin mir sicher, sie kann dem Herrn helfen.» Bevor Gundel wusste, wie ihr geschah, war der Vater auch schon wieder fort, und der Diener brachte sie in eine kärglich ausgestattete Kammer. «Hier findet ihr ein Bett für die Nacht. Am nächsten Morgen bringe ich euch zum Herrn.» Als das arme Mädel nun mutterseelenalleine in der fremden Kammer saß, musste es bitterlich weinen. Wusste es doch weder warum, sie hier war, noch, was ihr widerfahren würde.

Auch der junge Herr Gebhart konnte nicht schlafen. Wieder und wieder musste er an das schreckliche Unglück denken, das ihm mit dem Tod des Fräuleins von Hartenstein widerfahren war. Als er das herzzerreißende Schluchzen hörte, schlich er sich hinunter, um nachzusehen. Ganz leise öffnete er die Tür zu Gundels Kammer. Da blieb er wie angewurzelt stehen. «Wer ist dieses bildhübsche Geschöpf, und warum weint es so bitterlich?» Da schreckte auch die Gundel hoch und sah den jungen Herren mit großen, angstvollen Augen an. «Wer seid ihr und was wollt ihr von mir? Wisst IHR, warum ich hier bin?»

Da begann Gebhart zu erzählen. Gundel war eine gute Zuhörerin, und nach und nach redete sich Gebhart den ganzen Kummer, der sich über die letzten Monate angestaut hatte, von der Seele. Es war ihm, als hätte jemand einen Mühlstein von seiner Seele genommen. Auch die Gundel, die trotz ihrer 16 Jahre schon recht klug war, konnte sich nun einen Reim darauf machen, was sich der Vater da im Rausch zusammengesponnen hatte. Aber was sollte sie jetzt tun? Zaubern konnte sie beim besten Willen nicht – wie sollte sie bloß eine ganze Rinderherde kurieren und den jungen Herren noch dazu? Hatte er nicht gesagt, dass jede Hochstaplerin, die ihr Glück durch eine Lüge begründen wolle, des Landes verwiesen und verbannt werden würde! Ihre Tränen begannen von neuem zu fließen. Als Gebhart sie in den Arm nahm, um sie zu trösten – er konnte es nicht mit ansehen, wenn dieses saubere Dirndl so traurig war – musste auch er weinen. Niemand bemerkte, dass ihrer beider Tränen auf eine kleine grüne Ranke Erdefeu tropfte, die aus einer

Mauerritze wuchs. «Ich werde mit dem Vater reden», versprach der junge Edelmann, bevor er sie verließ.

«Pst, Pst, komm', schöne Jungfer, ich will dir helfen,» flüsterte es aus einem Winkel der Kammer. Das Mädchen aber konnte niemanden erblicken. «Hier unten, ich bin es, die kleine grüne Ranke hier». Nun entdeckte auch Gundel das Pflänzlein mit den zarten lila Blüten, das da offensichtlich zum Leben erwacht war. «Hab keine Angst, mein Kind. Ich will dir helfen. Eure Tränen haben mich lebendig werden lassen. So habe ich auch eure Geschichten mit angehört! Geh morgen um die zwölfte Stunde hinaus vor die Schlossmauer, dort wachsen meine Brüder und Schwestern. Pflücke ein paar Reben ab und winde daraus ein Kränzlein. Dann pflückst du dir noch ein paar weitere Zweige, die du zusammengeschnitten mit Hafer und Salz vermischst und an die kranken Kühe verfütterst. Du wirst sehen, sie sind im Handumdrehen wieder gesund. Beim ersten Melken aber musst du die Milch durch das Kränzchen hindurchmelken. Nur so kann die Verwünschung aufgelöst werden. Aber vergiss dabei nicht auf die Worte: ‹Kuh, hier geb' ich dir Gundelreben, dass du mir die Milch wollst geben!›»

Gundel bedankte sich bei dem Pflänzlein, versprach ihm, es gleich morgen früh ausreichend zu gießen und legte sich, unendlich erleichtert, schlafen. Als die ersten Sonnenstrahlen durch das vergittere Fenster lachten, kam auch schon der Diener und brachte sie zum Herrn von Uttendorf. «Man hat mir gesagt, du könntest uns helfen und die Verhexung auflösen. Das ist gut. Schaffst du es, so will ich dich Gebhart, meinem einzigen Sohn, zur Frau geben. Aber ich warne dich! War alles nur leere Prahlerei, wirst du verbannt und darfst nie mehr in deine Heimat zurückkehren. Für Schwindler und Betrüger habe ich nichts übrig!» «Wie lange habe ich Zeit?», fragte Gundel mit einem dicken Kloß im Hals. «Bis zum nächsten Vollmond! Bis dahin wirst du weiter bei uns im Schloss wohnen bleiben.»

Die fleißige Gundel machte sich gleich ans Werk. Sie suchte die Erdefeu-Pflänzchen. Wand ein Kränzchen, schnitt Blätter und vermengte sie mit Hafer und Salz. Dann verfütterte sie diese Mischung an die Kühe. Und siehe da, nach einer Woche ging es dem ganzen Tierbestand schon wesentlich besser. Als drei Wochen um waren, molk sie die Kühe zum ersten Mal. Während sie mit dem Milchstrahl durch das Kränzchen zielte, sagte sie: «Kuh, hier geb' ich dir Gundelreben, dass du mir die Milch wolltst geben.» Wohlgefällig beobachtete auch der Schlossherr die Fortschritte, die Gundel mit seiner Rinderherde machte. Nur Gebhart machte ihm weiterhin Sorgen. Die Blässe war noch immer nicht aus seinem Gesicht gewichen, dabei wirkte er unruhiger denn je.

Gebhart wiederum hatte sich unsterblich in Gundel verliebt. Vor lauter Angst, dass sie seines Vaters Forderungen nicht erfüllen könne, konnte er allerdings nicht mehr schlafen. Und auch sein Appetit war ihm abhanden gekommen. Doch auch für ihn wusste die kleine Ranke Rat: «Gegen die Schlaflosigkeit bereite ihm abends einen Tee aus Klatschmohn, Quendel und Melisse. Das wird ihm gut tun. Sprich mit der Köchin und bereitet ihm Speisen aus Sanddorn und Hagebutten. Auch etwas Vogelmiere solltest du jetzt noch finden.» Als der Tag des Vollmonds gekommen war, war der junge Herr Gebhart kaum mehr wieder zu erkennen, so vital und kräftig sah er aus. Auch der Herr von Uttendorf sah, wie glücklich und gesund sein Sohn plötzlich wieder zu sein schien, und so hielt er Wort. Gebhart nahm die Kronsteiner Gundel zur Frau und machte das arme Bauernmädchen zur Schlossherrin. Die Hochzeit wurde am Weihnachtsabend gefeiert – schließlich musste eine so magische Begegnung auch mit einem magischen Hochzeitstag besiegelt werden.

Die treue Rebe aber bekam einen Ehrenplatz im Wohnzimmer der Jungvermählten, wo sie weiterhin als ihre umsichtige Beraterin tätig war. Zu Ehren ihrer neuen Herrin erbat sich die kleine Ranke, von jetzt ab «Gundelrebe» genannt zu werden. Und als solche ist sie noch heute bekannt. Wie damals ist sie gesund, magisch, und bei genauem Hinhören können sehr feinfühlige Menschen ihre Ratschläge hören.

Gänseblümchen

Gänseblümchen sind die ersten Frühlingsboten. Ein altes Sprichwort sagt, wenn man mit einem Fuß sieben Gänseblümchen abdecken kann, dann ist der Frühling da. Auch in unserem Garten übersäen Gänseblümchen noch vor allen anderen Frühblühern Wiese und Rasen.

Besonders Kinder lieben das zarte Blümchen. Als Deko auf Broten und in Salaten sieht es einfach putzig aus. Kränze und Ketten aus Gänseblümchen sind auch heute noch ein Muss für unsere Kleinen. In Form von Pflanzen-Tattoos lassen sich damit tolle Muster auf Arme, Beine und sogar ins Gesicht zaubern.

Dass in dem zarten «Reserl» gewaltige Kräuterpower steckt, ist nur wenigen bekannt. So soll der Tee angeblich die Heilung von Ausschlägen und hartnäckigen Wunden beschleunigen und sogar bei Husten lindernd wirken. Der Frühjahrsmüdigkeit, so sagt man, ist schon so mancher mittels Gänseblümchen zu Leibe gerückt.

Anfang des 19. Jahrhunderts soll unser liebliches Gänseblümchen gar als «Revolutionärspflanze» gegolten haben, weil es den eigenen Willen stärke. Ja, sogar eine amerikanische Bombe soll den Spitznamen «Daisy Cutter» getragen haben. Aber keine Angst! Meine heutige Geschichte ist völlig harmlos, ganz ohne explosive Wendungen ; -)

Wie das Gänseblümchen zu seinem Namen kam...

Vor vielen, vielen Monden, lange bevor die Sternenforscher mit Fernrohren und Sternwarten ausgestattet waren und Mondraketen zu einer Zukunftsvision gehörten, die noch kein Lebewesen je geträumt hatte, wurden die Menschen Zeugen eines noch nie dagewesenen himmlischen Spek-

takels – als es begann, Sterne zu regnen. Ein jeder, der es sah, blieb mit offenem Mund stehen, starrte auf das Firmament und versuchte krampfhaft zu verstehen, was sich dort oben abspielte.

Auch der kleinen Gänsemagd Estrella erging es nicht anders – allerdings mit dem kleinen Unterschied, dass rings um sie Tausende kleine Sternenbrocken zu Boden fielen. Estrella kauerte sich vor Angst wimmernd auf dem Boden zusammen, denn um Schutz und Deckung zu suchen, war es längst zu spät.

«Der liebe Gott muss heute in bester Laune sein», dachte die kleine Gänsemagd, nachdem alles vorbei war, sie sich mühsam aufrichtete und den Sternenstaub von der Schürze klopfte. «So einen Sternenhagel ohne Kratzer zu überleben, grenzt an ein Wunder!»

Als sie sich umsah, bemerkte sie, wie ein Sternenbrocken nach dem anderen erlosch und wie tot auf dem Boden lag. Da fing das Mädchen an zu wei-

nen: «Was soll ich nur tun? All die lieben Sterne erlöschen und sterben, wenn ich ihnen nicht helfe!» Und so begann Estrella, die Sternenbrocken einzusammeln, und ihre geliebten Gänse halfen ihr dabei. Es war ein mühseliges Unterfangen, das fast eine ganze Woche dauerte. Müde legte sich die Gänseschar rund um die eingesammelten Sternenbrocken ins Gras. Estrella hatte endlich den letzten Sternenzacken gefunden, doch als sie ihn in die Hand nahm, begann auch sein Licht immer schwächer zu werden. «Lieber Stern, stirb mir jetzt nicht weg! All deine Geschwister sind schon erloschen. Ich wollte doch ihr Licht mit dem deinen neu entzünden und euch so zum Himmelszelt zurückschicken!» Estrellas Tränen benetzten den kleinen Stern in ihrer Hand.

Da raschelte es plötzlich im großen Hollerbusch, der sich an der Ostseite der Gänsescheune ausbreitete. «Du kannst Geschehenes nicht ungeschehen machen, kleine Maid!» sprach eine seltsame Frauengestalt, die direkt aus dem Hollerbusch hervorgetreten zu sein schien. «Die Sternenstücke, die du so beherzt gesammelt hast, müssen für immer erloschen bleiben. Aber du, mein Kind, hast sie durch deine innere Schönheit und dein gutes Herz zu neuem Leben erweckt.» Da bemerkte Estrella plötzlich tausend wunderschöne weiße Blümchen, die rund um sie in der Wiese ihre Blüten öffneten. «Sieh nur hin, mein Kind! Machen dich die tausenden schönen Blumen wieder fröhlich?» «Ja, gute Mutter! Eine größere Freude hättet ihr mir nicht machen können», antwortete das Mädchen verzückt. «Dann soll diese Blume auch in Hinkunft den Menschen ihre Traurigkeit nehmen können.» «Aber sagt, wer seid ihr?» fragte die kleine Gänsemagd scheu. «Meinen Namen musst du schon selbst erraten», lächelte die Fremde. «Den Namen deiner Blume aber gebe ich dir mit auf den Weg. Nach dir und deinen Gänsen sollst du sie Gänseblümchen nennen. Manche Menschen werden später auch Tausendschönchen dazu sagen.»

Mit diesen Worten verschwand Frau Holle – denn sie verbarg sich hinter der rätselhaften Gestalt – wieder im Hollerbusch und ließ Estrella mit ihren 999 gefallenen Sternen, die jetzt zu wunderschönen Blümchen erblüht waren, auf der Wiese zurück.

Aber warum nur 999 Gänseblümchen? Eines hatte sich Mutter Holle in ihr Reich mitgenommen. Und seit daher, so erzählt man sich, gedeiht vor Holles Haus eine üppige Wiese mit unzähligen Gänseblümchen, auf denen die Seelen der ungeborenen Kinder auf ein liebevolles Mutterherz warten.

Löwenzahn

Wie viele Frühlingspflanzen hat der Löwenzahn eine ausgeprägte blutreinigende Kraft und eignet sich daher ideal zu einer Frühjahrskur. Löwenzahnhonig ist ein beliebtes Hausmittel gegen Husten. Aus den langen kräftigen Pfahlwurzeln, die sogar Asphalt durchdringen können, kann ein Kräuterkaffee hergestellt werden. In Frankreich nennt man ihn Piss-en-lit, was so viel wie «Mach ins Bett» heißt. Das kommt von seiner stark harntreibenden Wirkung. Für mich ist der Löwenzahn noch immer eine der wichtigsten Blumen meiner Kindheit. Sei es als Ketten, Kronen oder Pusteblume – der Löwenzahn gehört unumgänglich zu den unbeschwerten Frühlings- und Sommertagen längst vergangener Tage. Einmal, so kann ich mich noch gut erinnern, diente er als Hauptbestandteil einer selbst kreierten «Kräutersalbe» aus «zergatschten» Wiesenblumen, die wir meiner Oma als «Arznei für ihren wehen Fuß» verscherbeln wollten. Eine schöne Zeit war das, damals…

Grüße aus der Vergangenheit

Aufgeregt kam Tim von der Cyberschule nach Hause. Schon als er den automatischen Türöffner zur Wohneinheit drückte, schrie er aufgeregt «Mama, Mama! Du ahnst ja nicht, was wir heute in der Schule gesehen haben!» «Ach ja richtig, ihr wart heute im Museum der Slten Welt! Hat es dir also gefallen?» «Und ob», antwortete Tim atemlos. «Stell dir vor, die haben uns erklärt, dass die Welt früher total anders ausgesehen hat. Damals war nicht alles mit Beton überzogen, die Wasserherstellung funktionierte nicht künstlich mit Hilfe von Spezialbestrahlung, die Atmosphäre war natürlich – was natürlich heißt, musst du mir aber nochmal erklären – und jetzt das coolste: Draußen gab es damals so etwas wie echtes Sonnenlicht

und grüne Wiesen, auf denen richtige Blumen blühten. Hast du so etwas schon mal gesehen, Mama?» «Na ja, Tim, ich war auch in der Schule, mal im Museum… aber weißt du was, fahr schnell zu Omi hoch und frag sie. Omi ist schon ziemlich alt – ich glaube fast, sie hat als Kind noch wirkliche Wiesen erlebt.» Oma lag gerade in ihrer super wirbelsäulenkonformen Sauerstoffblase mit Chilleffekt zur Stoppung der Hautalterung. Als sie ihren Lieblingsenkel Tim sah, legte sie die Sauerstoffmaske beiseite und nahm sich freudig Zeit für ein Tratscherl.

«So, so, da wart ihr also heute im Museum», murmelte die Großmama. «Ja, ja. Damals hat die Welt noch anders ausgesehen. Komm mit, ich will dir etwas zeigen.» Sie schlenderten in Omas Schlafzimmer, wo an einer mit Sonnenlichtprojektoren ausgestatteten Wand mehrere Rechtecke befestigt waren. «Das hier sind Fotos, mein Schatz. Man hängte diese Bilder früher an den Wänden auf, um an die guten Zeiten erinnert zu werden. Als ich ein Kind war, war die Erde noch nicht von einer künstlichen Ozonschicht ummantelt. Alles war echt – sozusagen vom lieben Gott geschaffen. Hier – siehst du diese vier Bilder: Eines in Weiß, das andere in hellem Grün, eines ist fast golden anzusehen, und das letzte leuchtet in strahlend bunten Farben. Das waren die Jahreszeiten. Im Winter war es kalt. Das Weiße war eiskalter Schnee, der im Winter Wald und Flur bedeckte. Im Frühjahr wurde es wärmer. Die Natur – Blumen, Bäume, Felder und Wiesen begannen zu sprießen und grün zu werden.»

«Was sind die gelben Tupfen auf dem Bild dort drüben?» «Das sind Blumen – man nannte sie Löwenzahn, und sie wuchsen fast das ganze Jahr lang auf den grünen Wiesen.» «Oh Großmutter, wie gerne wäre ich jetzt auch auf so einer grünen Wiese. Bei uns ist alles grau in grau. Das ganze Jahr hindurch ist es dasselbe. Wo man hinsieht, ist Beton, und alles ist künstlich von Menschenhand hergestellt: die Luft, unsere Flugfahrzeuge, unsere gläserne Himmelskuppel, das Tageslicht, Wasser und Nahrung… einfach alles.»

«Das können wir beide leider nicht ändern», lächelte die Großmutter liebevoll. «Aber setz dich nur zu mir und ich will dich lehren, wie die Menschen früher lebten.» Und so kramte die alte Frau ein gar eigenartiges, vergilbtes Etwas hervor, auf dem «Das sagenhafte Herbarium der Kräutermärchen und Geschichten» geschrieben stand.

«Siehst du, Tim, hier haben wir ihn schon, den Löwenzahn. Er war besonders für die Kinder wichtig, denn die flochten Kränze und Ketten aus ihm, bliesen die kleinen Schirmchen von den verwelkten Blüten und verwendeten ihn als Orakel.

Aus seiner Wurzel bereiteten die Alten Kaffee zu. Und stark war die Wurzel – sie hatte solche Kräfte, dass sie sogar Asphalt sprengen konnte.» So begann die Großmutter mit ihrer Erzählung. Ihre Worte fesselten Tim mehr als alles andere, das er bisher gehört oder gesehen hatte.

Als sich Tim einige 24er Einheiten (früher hätte man Tage dazu gesagt) später auf dem Schulweg verbummelte und sich völlig in Gedanken unten bei der riesigen Wasserkugel (sie diente der künstlichen Herstellung und Wiederaufbereitung von Trinkwasser) im 2000er Viertel wiederfand, blieb er plötzlich abrupt stehen. Vor ihm am Boden hatte sich in einem kleinen Rinnsal ein Riss im Beton gebildet und – er konnte seinen Augen kaum trauen – daraus hervor trat eine kleine gelbe Blume mit grünen zackigen Blättern. «Ein Löwenzahn! Jetzt weiß ich, was «Natur» bedeutet. Und offensichtlich ist sie gerade dabei, unseren künstlichen High-Tech Planeten zurückzuerobern...»

Wiesenschaumkraut

Einen wunderbar frühlingshaften Farbtupfer hat in den letzten Tagen das Wiesenschaumkraut in die Natur rings um uns gezaubert. Es ist nicht nur wunderbar anzusehen. Durch die enthaltenen Senfölglykoside, die ihm eine leichte Schärfe verleihen, ist es eine willkommene Abwechslung auf dem Butter- oder Topfenbrot. Sein hoher Vitamin-C Gehalt galt früher als bewährtes Hausmittel gegen Skorbut. Würmern soll es den Garaus bereiten.

Ich selbst verbinde mit dem Wiesenschaumkraut viele Erinnerungen – Erinnerungen an sehr glückliche, aber auch unsagbar traurige Momente in meiner Kindheit. Aber das ist eine ganz andere Geschichte! Allerdings war meine Inspiration für das heutige Märchen ebenfalls ein absolutes Lieblingsbuch aus Kindertagen.

Von einem himmlischen Durcheinander, von «Schäumen» und Träumen

Im Himmel war die Hölle los. Die Wolkenreiter jagten kreuz und quer übers Firmament, die Blitze spielten Zielschießen, das Mondkalb ist, nachdem es in großen Sprüngen herumgehopst ist, ratz-fatz über die Milchstraße hinunter gerutscht, durch die Himmelspforte gepurzelt und schlussendlich mit einem herzhaften Plumps in Petrus' großem Regenfass gelandet, das natürlich umgekippt ist und alles überschwemmt hat. Zu allem Unglück kam noch ein blubbernder Schaumteppich hinzu. Denn auch die große Schachtel mit dem Putzzeug, das die Englein jeden Morgen brauchen, um die Sternenkinder nach der langen Nacht wieder blitzeblank zu polieren, bevor sie sie schlafen legen – auch die war umgekippt, sodass sich der ganze Inhalt in die Wasserlachen aus dem großen Regenfass ergossen hatte. Und wer war Schuld an dem ganzen Schlamassel? Natürlich wieder einmal das kleine Engelchen Flocke und sein Freund – das Bengelchen Stups, dessen Flügel eh schon jeden Tag ein weiteres Stückerl schrumpften. «Huuuuuhhh», heulte Flocke verzweifelt. «Sieh nur deine Flügelstümpfchen an! Jetzt sind sie bald ganz weg und dann fliegst du raus aus dem Himmel, Huuuhhh! Du weißt doch was Petrus gesagt hat. Dann geht es ab mit dir in die Hölle, wo die Teufelsgroßmutter schon auf dich wartet. Huuuhhhh. Was sollen wir bloß machen!» Noch bevor Stups antworten konnte, wurden die beiden von Petrus' schweren Schritten unterbrochen. Erzürnt zog er die kleinen Lauser an den Ohren hinter ihrem Versteck – einem großen Wolkenhaufen, den ihre Freunde aus dem Wolkenkindergarten blitzschnell geformt hatten – hervor.

«Was habt ihr denn jetzt schon wieder angestellt? Ihr habt ja den ganzen Himmel in pures Chaos verwandelt! Seht euch diese Unordnung an! Überall rinnen Wasser und Schaum herum, mein großes Regenfass ist so leer, dass die Menschen dort unten nicht wissen, wohin mit dem vielen Regen – dafür werden sie bald eine Dürre ertragen müssen, die sich gewaschen hat! Die Sternenkinder sind putzmunter und wieder voller Sternenstaub, und bis wir Blitze, Wolkenreiter und das Mondkalb eingefangen haben, wird es noch eine Weile dauern – ganz zu schweigen von der Milchstraße! Das Mondkalb hat bei seiner Rutschpartie eine breite Spur gezogen. Die Sternenforscher auf der Erde sind völlig aus dem Häuschen. Die glauben, der Weltuntergang stünde bevor. Da heißt es schnell mit einem großen Flederwisch drüber kehren und den Schaden wieder gutmachen. Wie habt ihr das alles bloß fertig gebracht?» Mit hängenden Flügeln und tränennassen Gesichtern beichteten die beiden Unglücksraben von der Wette, die Stups vorgeschlagen hatte: Er wollte wissen, wer der schnellste hier im Himmel ist, und hat mit Mondkalb, Blitzkindern und den Wolkenreitern ein Wettrennen veranstaltet. Vor lauter Spaß und Übermut ist die Sache dann allerdings etwas aus dem Ruder geraten.

«Diesmal bist du wohl zu weit gegangen, Stups!», mahnte Petrus mit ernst erhobenem Zeigefinger. «Sieh nur, deine Flügel sind kaum mehr zu sehen! Du hast nur mehr klitzekleine Stümpfchen dran! Und der große Krampus da unten macht sich auch schon bereit, um dich abzuholen. Das einzige, was dich jetzt noch retten kann, wäre eine gute Tat. Ob du die allerdings so schnell vollbringen kannst, bezweifle ich, denn das Christkind ist schon auf dem Weg hierher, um sich die Sache anzusehen. Bis es soweit ist, könnt ihr zwei euch jedenfalls nützlich machen und den Himmel wieder in Ordnung bringen. Denn der Frühjahrsputz war ja eigentlich gerade erst abgeschlossen.»

Flocke und Stups machten sich traurig an die Arbeit. Sie kehrten die großen Schaumpfützen über den Wolkenrand hinunter, sodass alles auf die Erde troff, putzten die Sternenkinder, um sie wieder ins Bett zu bringen und taten ihr Bestes, um alles nach bestem Wissen und Gewissen in Ordnung zu bringen. Vielleicht würde das Christkind dann doch noch einmal ein Auge zudrücken. Just in dem Moment, als sie fertig waren, ertönten die himmlischen Posaunen, und das Christkind erschien mit Petrus im Schlepptau.

«Kommt einmal mit, ihr drei, ich will euch etwas zeigen!», sprach das himmlische Kind und machte sich auf in Richtung Himmelspforte. Als sie sich vor der goldenen Himmelstür über den Wolkenrand beugten und auf die Erde hinunterspähten, konnten sie ihren Augen kaum trauen. Dort, wo noch vor kurzem die saftig-grünen Frühlingswiesen sprossen, war jetzt lauter blasslila Schaum zu sehen. «Potz Blitz! Was habt ihre denn nun schon wieder ange...!», wollte Petrus weiterschimpfen, wurde dann aber vom Christkind unterbrochen.

«Es sind nur Blumen, Petrus!», sprach das himmlische Kind mit sanfter, glockenheller Stimme. «Der Schaum, den ihr auf die Erde gekehrt habt, hat sich durch euer Bemühen in Blumen verwandelt. Was meint ihr, wie sollen wir sie nennen?» «Wiesenschaumkraut», hauchte Flocke ehrfurchtsvoll. «Ja, nennen wir es Wiesenschaumkraut. Es sieht einfach wundervoll aus!» stimmte auch Stups überwältigt mit ein. «Wiesenschaumkraut... Ja, dieser Name gefällt auch mir», freute sich das Christkind. «Aber der Name ist nicht das einzige Wunderbare an eurer Pflanze. Dieser wunderschöne Schaumteppich wird künftig auch den größten Zweiflern fröhliche Frühlingslaune ins Herz zaubern. Durch seinen kresseartigen Geschmack und seinen hohen Vitamin-C Gehalt wird es den Menschen außerdem ein gesundes Frühlingsmahl sein!»

«Guck mal, Stups, deine Flügel sind gewachsen!», jauchzte Flocke plötzlich voller Freude. Ich glaube, jetzt kannst du sogar richtig fliegen – genau wie ein richtiger großer Engel.» Da fiel Stups, das kleine Bengerl, dem Christkind um den Hals und flüsterte: «Danke, du liebes Christkind! Ich verspreche dir, ab jetzt werde ich ein richtiges Engerl sein!» Und was war das? Ein kleines schwarzes Etwas, das wie ein B(-Engerl) geformt war, kullerte über den Wolkenrand und plumpste schnurstracks in die Hölle hinunter – geradewegs in des Teufels Großmutter großen Suppentopf hinein.

Flieder

Von Sonne, Mond und Fliederduft

Vor vielen Jahren, so vielen, wie wir Menschen es gar nicht fassen können, waren Sonne und Mond weit mehr als bloß zwei Gestirne am Firmament. Sonne und Mond waren ein wunderschönes Liebespaar. Der Mond so nobel blass und fahl, in feengleiches Silberlicht gehüllt und doch von so vielen schattenhaften dunklen und tiefsinnigen Geheimnissen umgeben, und die Sonne – so strahlend und hell, triumphierend und geradlinig – gemeinsam boten sie ein Ganzes, das gegensätzlicher nicht hätte sein können. Zusammen aber waren sie gerade durch ihre Gegensätzlichkeit eins, ein Paar, das alles bisher Dagewesene überstrahlte. Ihr bloßer Anblick war geballte Urkraft der Schöpfung, ein Meisterwerk der Vollkommenheit.

So viel Schönheit, Prunk und Einzigartigkeit erweckte jedoch auch damals schon Neid und Missgunst.

«Sie sind arrogant und eingebildet», toste der Nordwind. «Sie haben sich gegen uns verschworen», behauptete der Abendstern. «Wer weiß, am Ende wollen sie gar dem Herrgott seinen Platz streitig machen. Ich hör sie schon regelrecht am Stuhlbein vom Himmelsthron sägen», schürte das Nordlicht die Debatte weiter an. «Man müsste die Beiden trennen...», überlegte schließlich auch Saturn laut. Ihm waren die beiden schon lange ein Dorn im Auge. Schließlich war er der Einzige unter den Planeten, der von Ringen aus Eis und Gesteinsbrocken umkreist wurde, ach, was sage ich, der überhaupt sichtbare Ringe hatte. Wenn schon jemand eine so herausragende Position einnehmen sollte, dann er!

So geschah es, dass sich Neid, Missgunst und schlechtes Gerede wie Sternenstaub in den Himmel einschlichen und eines Tages auch Gott zu Ohren

kamen. «Was sagst du dazu, Petrus, sollen wir dem Zirkus ein Ende bereiten?»

«Das wäre sicherlich höchste Zeit, Herr. Das Liebespaar für alle Ewigkeit zu trennen, scheint mir allerdings ein etwas harsches Urteil – schließlich handelt es sich in Wahrheit um Äußerlichkeiten.»

«Da kommt mir eine Idee, lieber Petrus. Warum befragen wir nicht die Menschen? Ich hab' sie doch nach meinem Abbild geschaffen. Da müsste so etwas doch zu schaffen sein.»

«Da bin ich aber gespannt...» antwortete Petrus nachdenklich, während er sich am Bart kratzte.

So kam es, dass Sonne und Mond kurze Zeit später tieftraurig auf der Erde herumstrichen. Wenn sich da nicht eine Lösung fand, würde ihr Licht verblassen, da waren sich beide gewiss. Das Urteil war für sie ein Schlag ins Gesicht. Schließlich konnten sie nichts für ihr Aussehen, und Intrigen anderer waren ihnen ein Gräuel.

Ihr sonst so willkommener Erdenspaziergang wurde an jenem Tag jedoch zu einer beinharten Prüfung. Denn wohin sie auch gingen, was immer ihren Blick streifte: Überall sahen sie glückliche Menschen, die einander Blumen und Zuckerherzen schenkten und vor Dankbarkeit und schierem Glück strahlten, was für die beiden vom Schicksal gezeichneten Gestirne kaum zu ertragen war. «Auch das noch! Heute ist ja Muttertag. Die Menschen feiern ihr trautes Glück, das sie mit ihren Liebsten teilen dürfen und wir, wir sollen alles verlieren? Das ist doch zum Explodieren!

Der Gedanke war kaum fertig ausgesprochen, da lief den beiden plötzlich ein eiskalter Schauer über den Rücken. Im mondbeschienenen Gras kniete vor ihnen eine zarte, fast zerbrechlich anmutende kleine Gestalt. Eigenartiger Weise schien sie mit einem Fliederbusch zu sprechen:

«Oh Mutter, ich bin so glücklich, dass du da bist! Ich hab dich ja so sehr vermisst!», flüsterte die zarte Stimme im Halbdunkel. Leise schlich der Mond näher heran, um herauszufinden, wer so spät abends noch Zwiegespräche führte, außerdem zog ihn ein betörender Duft magisch an.

«So lange habe ich auf dich warten müssen – beinah ein Jahr lang. Aber jetzt, da bist du mir wieder ganz nah. Du hast dein Versprechen gehalten.» «So lange der Flieder im Garten so wundervoll duftet, werde ich bei dir sein!» «Ja, das hast du mir versprochen, bevor du für immer deine wunderschönen, fast violetten Augen zugemacht hast!» «Und es ist wahr – jedes Wort davon.» «Im Duft des Flieders bist du mir nah, so sehr dass ich dich fast spüren kann, deinen Duft riechen kann – und jetzt – im Windhauch, da kann ich leis deine Stimme hören. Jetzt weiß ich's Mutter – du bist mir nicht verloren, denn jedes Jahr im Fliederduft, kommst du zurück zu mir…»

«Nun sprich, guter Mond», sagte der Herrgott kurze Zeit später. Trennen muss ich euch wohl, um dem dummen Gerede endgültig ein Ende zu bereiten. Ihr wisst ja, ein guter Ruf ist eben alles… Aber ihr habt zumindest einen Wunsch frei – solange er niemandem schadet, versteht sich.»

«Herr», sprach da der Mond, «auf der Erde, da hatten wir eine recht wundersame Begegnung, die mich auf einen Idee gebracht hat: Wenn wir uns schon körperlich nicht mehr nah sein können, so will ich die Sonne doch weiter spüren, ihre Nähe auf andere Art fühlen und mit ihr sprechen können – ihr also im Geiste nahe sein.»

«Ein frommer Wunsch» gab Petrus zu bedenken «da wir aber in den Zeitmaßen der Menschen rechnen müssen, wird dieser Wunsch auch nur eine bestimmte Zeit gültig sein können – denn auf der Erde hat alles ein Ablaufdatum. An welches Zeitmaß habt ihr denn gedacht?»

«Flieder! Unser Zeitmaß soll der Flieder sein! So seht mich doch nicht so mitleidig an, ihr Anderen! Ich meine genau das, was ich gesagt habe: Flieder! So lange der Flieder duftet, so lange werden auch unsere Gedanken eins sein.»

«Das heißt, du verlierst deine Sonne nur dann, wenn der Flieder je seinen Duft verlieren sollte?! Eine prachtvolle Idee, mein guter Mond. Genauso tiefgründig und geheimnisvoll, wie ich sie von dir erwartet habe!»

«So sei es», sprach der Herr und machte sich auf, um auch gleich selbst eine Nase voll betörendem Fliederduft zu genießen.

Der Fliederbusch, so sagt man, wurde von jenem Tag an zum launischen Treffpunkt für Verliebte, seine Blüten zum Blumengruß, der die Herzen öffnet. Sein Duft nimmt mit auf eine Reise, deren Ziel nur der Liebende selbst kennt.

Glockenblume

Über ihren Gebrauch als Heilpflanze ist kaum etwas zu finden. Als Blütenessenz findet die Glockenblume interessante Einsatzgebiete, die perfekt zu ihrer ätherisch anmutenden Form passen. Auf www.essenzen.net fand ich folgende interessante Beschreibung zur Blütenessenz der heimischen Ackerglockenblume: «Sie hilft bei Schutzbedürfnis, wenn man sich verloren und heimatlos, verletzlich und überwältigt fühlt. Ihre Energie bringt Schutz und neues Vertrauen und ermöglicht damit die Öffnung für andere wie für umwälzende Veränderungen im Leben.»

Spannenderweise ist mir die folgende Geschichte zum Thema «Schutz» schon eingefallen, bevor ich die Wirkung der Glockenblume als Essenz gegoogelt habe…

Jana sieht Lila – eine Geschichte von großen Gemeinheiten, schönen Träumen und kleinen Wundern

Jana war alles andere als der Liebling der Klasse. Sie hatte Schnittlauchlocken, deren Farbe irgendwo zwischen aschblond und mausgrau anzusiedeln war, trug eine Zahnspange, und ihre wunderschönen seegrünen Augen mit den dichten schwarzen Wimpern wurden von einer dicken Hornbrille verdeckt. Immer öfter passierte es, dass sie von Mitschülern gehänselt, ja manchmal sogar regelrecht bedroht wurde.

«Hey, Brillenschlange, das ist mein Platz, auf dem du da sitzt! Zisch ab!» sagte die hübsche Gabi, während sie sich selbstbewusst vor Jana aufbaute. «Und das ist meine Jausenbox, mit meiner Geldbörse!», grinste nun auch Gabis «Bodyguard», Kevin hämisch. «Na mach schon, Mäuschen, kriech in dein Loch, bevor ich bis drei gezählt habe, sonst gibt's Haue!»

Jetzt hatte Jana endgültig genug. Diesmal hatten die beiden eindeutig ihre Grenzen überschritten. «Einen D.... werde ich! Lasst mich sofort in Ruhe, oder ich sag's der Direktorin!»

«Sieh an, petzen will sie auch noch», zischte Kevin, die Augen zu gefährlichen Schlitzen verengt.

«Dir glaubt ja ohnehin keiner, Brillenschlange! Du hast ja nicht einmal einen Vater! Wo kommst du eigentlich her –von den Feen? Jana ist ein Feenkind! Jana ist ein Feenkind!»

Blind vor Wut gab Jana der frechen Gabi eine schallende Ohrfeige. Das war allerdings ein schwerer Fehler, denn sogleich schien sich die halbe Klasse auf sie zu stürzen. «Schnappt sie euch! Die stecken wir jetzt kopfüber ins Klo hinein! Der zeigen wir, wo sie hingehört!»

Jana blieb nichts anderes übrig, als die Beine in die Hand zu nehmen und ums liebe Leben zu laufen. Schnell um die Ecke, und... ja genau, die rote Telefonzelle, die jetzt als Bücherei genutzt wird – das könnte klappen.

Und wirklich, die Meute lief blindlings an ihrem Versteck vorbei. Als Jana vorsichtig aus dem Fenster spähte, fiel ihr eine Glockenblume auf, deren lila Blüten lustig im Wind tanzten. «Schööööön!», so genau hatte Jana bisher noch nie eine Blume betrachtet. Auch auf dem Buch vor ihrer Nase war eine Glockenblume auf dem Umschlag. Magisch angezogen, schlug das Mädchen das Buch auf, was sich vor ihr auftat war allerdings mehr als beunruhigend: Im Buch gähnte ein lila Loch, das wie ein Kaleidoskop wirkte und sie – schwups – direkt ins Buch hineinzog.

Gähnend rieb sich Jana die Augen. Wo war sie bloß gelandet? Über ihr thronte ein riesiger Fliegenpilz, die Blumen ringsherum waren wie Bäume so groß!

«Darf ich mich vorstellen. Ich bin Gillion, die Glockenblumenelfe. Schön, dass du zu uns gefunden hast! Es ist schon lange her, dass sich ein Menschenkind zu uns verirrt hat! Denn mit Computerspielen und virtuellen Büchern funktioniert der Zauber nicht mehr!»

«Wo bin ich? Ist das echt das Feenreich? Und wie komme ich wieder nach Hause?!» bekam Jana Angst.

In ihrer lila Blütenpracht läutet die Glockenblume den Beginn des Frühsommers ein. Ihre zarten Blütenglöckchen faszinieren und halten den Blick gefangen. Im bunten Wiesenblumenstrauß bringen sie Leichtigkeit und Frische auf den grauen Schreibtisch im muffigen Büro.

«Fürchte dich nicht, die Besuche im Feenreich sind immer nur von kurzer Dauer. Im Nachhinein wirst du dir einbilden, du hättest nur kurz geschlafen. Weißt du, es war die Glockenblume, die dich hergeführt hat. Nur sehr feinfühlige Kinder können solche Blumen wahrnehmen, daher will ich dir nun helfen, sozusagen einen Trick mitgeben, wie du dich vor weiteren Angriffen schützen kannst.»

Dabei setzte sich Gillion die Blüte einer Glockenblume als Hut auf und war – wie durch ein Wunder – verschwunden, wie vom Erdboden verschluckt. «Siehst du! Diese Blüten wirken wie eine Tarnkappe. Sie machen unsichtbar!»

«Aber funktioniert das auch bei uns auf der Erde?», zweifelte Jana schwer. «Außerdem sind unsere Glockenblumen winzig klein!»

«Du musst lernen, etwas über den Tellerrand zu blicken!» antwortete die Elfe verschmitzt lächelnd. «Setz dir ein Glöckchen auf den kleinen Finger. Auf der Erde wirst du zwar dadurch nicht wirklich unsichtbar. Aber deine Peiniger werden dich durch die Glockenblume einfach nicht bemerken.

Man könnte auch sagen, sie werden vergessen, dich zu drangsalieren! Und wenn du dir wegen deines Aussehens Sorgen machst, dann sieh dir die letzte Seite in diesem Buch an. Das kannst du übrigens behalten. Es ist ein Geschenk von mir!» Damit umarmte Gillion das Mädchen – doch in der Umarmung wurde es plötzlich ganz schwindelig, und kurze Zeit später fand es sich auf dem Boden der Telefonzelle wieder.

«War alles nur ein Traum gewesen?» Das Buch nahm Jana jedenfalls mit nach Hause.

Als ihr die noch immer wütende Meute der Klassenkollegen am nächsten Morgen am Gang begegnete, steckte sich Jana sicherheitshalber sofort die Blüte auf den kleinen Finger – und siehe da! Jedes Wort der Elfe Gillion war wahr. Gabi vertiefte sich wieder in ein Gespräch mit Kevin. Paul und Dominik machten kehrt und rannten zu den Tischfußballtischen hinüber.

Als Jana am Abend das Buch der Glockenblumen-Elfen nochmals durchblätterte, staunte sie nicht schlecht, als sie die letzte Seite aufschlug. Die Zeichnung zeigte eine wunderhübsche junge Frau, die aussah, wie sie selber – nur etwas älter.

«Stimmt! Die Zahnspange bekomme ich in zwei Jahren ab, und wenn ich Linsen nehme, dann brauche ich auch keine dämliche Hornbrille mehr!»

Das Buch – nein – die Glockenblume hatte von einem Tag auf den anderen ihr Leben zum Guten verändert!

Kornblume

Eine meiner absoluten Lieblingsblumen ist die Kornblume. Ihr intensives Blau stellt für mich den Inbegriff des Sommers dar – nicht zuletzt, weil mir die Frisörin am Morgen der standesamtlichen Trauung, die am Mittsommertag, dem 21. Juni, stattfand, Kornblumen und Gerstenähren ins Haar frisiert hat.

In der Pflanzensymbolik steht das Blau für alles Geistige. Außerdem ist die Kornblume auch als Zeichen der Treue bekannt. Ein alter Aberglaube besagt allerdings, dass Frauen, die Kornblumen bei sich tragen, die Blicke der Männer auf sich ziehen. In der Volksheilkunde sind es ebenfalls die Augen, auf die die Kornblume heilend wirken soll. Als Dekoration auf Speisen soll sie nicht nur wegen ihrer Farbenpracht, sondern auch aufgrund der enthaltenen Bitterstoffe appetitanregend wirken.

Das gestohlene Himmelblau

Hoch oben im Norden wohnte einst ein Trollkönig namens Yaromir. Da die Kräfte damals noch nicht so genau verteilt waren, suchte er nach Mittel und Wegen, um seine Macht noch zu vergrößern. Sein Palast befand sich tief unter der Erde, denn das Dunkel gefiel ihm. Alles Frohe und Farbige war ihm ein Gräuel. Es blendete seine flinken Knopfaugen. Eines Tages hatte Yaromir eine Idee: Er beschloss, den größten und strahlendsten Farbflecken auf der Erde zu stehlen: das Himmelblau. Wenn das Himmelblau nicht mehr da wäre, dann wäre zumindest über der Erde alles nur mehr schwarz und grau. Und wenn die Farblosigkeit mehr würde, würde auch seine Macht wachsen, das war gewiss.

Als die Nacht hereinbrach, Mutter Sonne sich schlafen legte und der gute Mond begann, fahl und bleich seinen Platz am Himmelszelt einzunehmen, krochen die grauen zotteligen Trolle zu Hunderten aus ihren Erdlöchern und machten sich auf Zehenspitzen auf, das Himmelblau, das sich nach Sonnenuntergang gleich eine Schicht hinter dem Nachtschwarz befand, herunterzuschnipseln.

Aber sie hatten nicht mit dem kleinen Sternenjungen Spica gerechnet. Als einer der hellsten und strahlendsten Sterne am Firmament liebte er alles Helle, Bunte und Strahlende und war immer etwas traurig darüber, dass er nicht zusammen mit Mutter Sonne am blauen Himmelszelt sein durfte. Am Tag wachte der Sandmann nämlich akribisch genau darüber, dass sich die Sternenkinder auf der Sternenwiese schlafen legten.

Nach kurzer Überlegung begann der quirlige kleine Stern mit seinen kleinen scharfen Sternenzacken heimlich kleine blaue Fetzen aus dem Zelt aus Himmelblau zu reißen. Leise leise schwebten diese zu Boden und zogen so ein Spur.

Als früh am nächsten Morgen die Sonne aufging, verblasste sie beinah vor lauter Schreck: Dort, wo sonst das fröhliche Himmelblau war, gab es jetzt bloß einen düsteren grauen Schleier. Was war da nur passiert? Mutter Sonne legte den Kopf in den Schoß und begann bitterlich zu weinen. Als sie aber die Augen aufschlug, erspähte sie tief unten auf der Erde lauter kleine himmelblaue Tupfen, die wie eine Spur aussahen.

Schnell sprang sie auf und folgte der Spur – und wirklich – es dauerte nicht lange, da hatte sie die widerlichen kleinen Trolle auf frischer Tat ertappt, als sie das himmelblaue Weltenzelt gerade nach unten in den Palast des Trollkönigs zerren wollten.

Vor lauter Wut begann die Sonne plötzlich noch viel heller zu strahlen als sonst. Sie strahlte so hell, dass sich die fiesen kleinen Trolle bei ihrem Anblick die Augen verbrannten. «Zurück in den Palast, Männer!» rief der Trollkönig erschrocken. «Nehmt eure Beine in die Hand und lauft, sonst werden wir alle verbrennen!»

Das ließen sich die schrecklichen Trolle nicht zweimal sagen. Man sagt, sie wären von jenem Tag an nie wieder vor der Dämmerung auf der Erde gesehen worden.

Die Sonne aber packte überglücklich ihr Himmelblau zusammen, um es gleich wieder über das Himmelszelt zu spannen. Dabei fiel ihr Blick zufällig wieder auf die Spur aus kleinen blauen Flecken, die ihr Sternenkind Spica gelegt hatte.

«Ich weiß, was ich damit tun werde» sagte die gute Mutter Sonne verschmitzt lächelnd. «Ich werde die blauen Fleckchen in wunderschöne blaue Blumen verwandeln. Und immer, wenn die Menschen traurig sind und die Welt in Grau und Schwarz zu versinken droht, wird sich ihr Gemüt durch den Anblick der Blumen wieder erhellen. Denn die kleine Kornblume hat von nun an die Fähigkeit, den Menschen das Fröhliche und Bunte ins Herz zurückzubringen.»

Roter Mohn

100 Jahre sind vergangen seit Ausbruch des ersten Weltkrieges – «The Great War», wie ihn die Engländer nannten. Am 28. Juni 1914 wurde Thronfolger Erzherzog Franz Ferdinand in Sarajevo ermordet. Genau einen Monat später folgte die Kriegserklärung Österreich-Ungarns an Serbien.

Ein besonderes Symbol für das viele Blut, das in den Schützengräben in Belgien, Flandern, an der Somme vergossen worden ist, ist der Rote Mohn, der dort in den darauffolgenden Jahren regelrecht gewuchert haben soll.

Am «Poppy Day» – dem Gedenktag an den ersten Weltkrieg, der in Amerika, England und Kanada am 11. November begangen wird, ist es noch immer Brauch, symbolisch eine rote Mohnblume am Revers zu tragen.

Da ich schon als 5-Jährige mucksmäuschenstill in einer Ecke gekauert bin und gelauscht habe, wann immer mein Großvater und seine Freunde vom Krieg erzählt haben, und ich auch heute die wenigen Alten, die diese Zeit noch erlebt haben, gerne zum Teilen ihrer Erlebnisse bewege, möchte ich das Gedenkjahr mit einer Geschichte würdigen. Die Idee dahinter stammt von meiner Freundin, Lisa, die mir einmal von der Helmhochzeit ihrer Vorfahren erzählt hatte...

«So viele Soldaten!» dachte Hella, als sie die vielen, teils abgekämpften, teils erleichtert strahlenden jungen Männer wie Ameisen aus dem Schiffsbauch hervordrängen sah. Den meisten sah man es von Weitem an, wie heilfroh sie waren, dem Horror auf dem Schlachtfeld für ein paar Tage entkommen zu sein. Hella war schon eine ganze Weile am Pier gestanden und hielt nach ihrer Freundin Leonie Ausschau, die ihr nach England hatte nachfolgen wollen.

Hellas Eltern hatten ein ansehnliches Gut im deutsch-österreichischen Grenzgebiet besessen – dort, wo später die Tschechoslowakei entstanden ist. Nachdem ihr Vater gefallen war und die meisten Dienstboten das Gut verlassen hatten, hatte Hellas Mutter, eine gebürtige Engländerin, beschlossen, sich mit ihrer Tochter in einer Nacht- und Nebelaktion auf den Weg zurück zu den Großeltern nach London zu machen.

«Au!» Hella konnte sich gerade noch strauchelnd an einem Pfeiler festklammern und wäre um ein Haar ins Hafenbecken gestürzt. «Haben Sie keine Augen im Kopf, oder macht es Ihnen Spaß, wildfremde Menschen im Hafen zu ertränken?!» Als Hella aufblickte, blieben all ihre alle weiteren Beschimpfungen im Hals stecken. Vor ihr stand ein junger Mann in Fliegeruniform, der die charmantesten Grübchen besaß, die sie je gesehen hatte. Ganz abgesehen von den veilchenblauen Augen und dem frechen Blondschopf, den er sich gerade betreten aus den Augen strich. Auch ihm schien für einen Minute die Luft wegzubleiben. Dann aber überzog ein breites Grinsen sein Gesicht: «Leutnant Gabriel Gifford», stellte er sich mit einer leichten Verbeugung vor und reichte ihr die Hand. «Bitte verzeihen Sie mein Ungeschick. Darf ich Sie zur Wiedergutmachung auf eine Tasse Tee im Coffee Shop dort drüben an der Ecke einladen? Sie sehen noch immer etwas blass aus!» «Das ist ja auch kein Wunder. Aber da meine Freundin offensichtlich ein anderes Schiff genommen hat, nehme ich Ihr Angebot an. Ein Tee könnte jetzt wirklich nicht schaden!» Und so nahmen die beiden in einer Ecke des kleinen Gastgartens vorm Eingang Platz.

«Darf ich fragen, woher Sie kommen? Sie haben einen Akzent, den ich nicht ganz zuordnen kann.» «Sie sind aber direkt!», konterte Hella. «Fangen Sie an! Wenn Sie mir über sich erzählt haben, lasse ich mich vielleicht überreden, auch etwas über mich preiszugeben.» Bald waren die jungen Leute völlig in ihr Gespräch vertieft und hatten das Gefühl, als wären sie alte Bekannte. Sie lachten, plauderten und vergaßen völlig die Zeit. «Ich muss heim, meine Mutter wird sich schon Sorgen machen!», erinnerte sich Hella plötzlich wieder an das Hier und Jetzt. «Sehen wir uns morgen wieder? Selbe Zeit, selber Ort?» «Ich werde da sein, versprochen!» Gabriel Gifford hätte eigentlich zu seiner Tante nach Sussex weiterreisen sollen – seit er seine Eltern bei einem Zugsunglück verloren hatte, war die alleinstehende Lady Sarah Westley seine einzige Verwandte. Schon nach den ersten zehn Minuten mit Hella hatte er allerdings seine Pläne über Bord geworfen. Er sich Hals über Kopf in sie verliebt und wollte eigentlich das tun, was alle verliebten Soldaten auf Heimaturlaub machten, die nicht wussten, ob es nach dem Heute auch ein Morgen gab. Er wollte Hella heiraten – egal, wie lange er sie kannte.

«Heute ist mein letzter Tag, Hella! Es ist Zeit, mich wieder ins Flugzeug zu setzen, und den Krauts ordentlich was vor den Latz zu knallen! Diesmal geht's angeblich ab nach Belgien oder Flandern. Hast du gewusst, dass dort überall roter Mohn blüht? Ganze Felder mit wildem rotem Mohn! Das sieht echt faszinierend aus. Wenn der Krieg vorbei ist, nehm' ich Dich einmal dorthin in meinem Flieger mit. Du weißt ja, ich will bei der Fliegerei bleiben.» «Und warum ist das so, das mit dem Mohn, meine ich?» Hella stützte sich auf ihren Ellbogen auf und sah Gabriel neugierig an. «Na ja, was ich so gehört habe, waren dort die Kämpfe im letzten Krieg am Ärgsten. Angeblich sollen dort die Laufgräben gewesen sein. Ich hab mal jemanden sagen hören, dass der Boden dort regelrecht mit Blut getränkt worden ist und der Rote Mohn deshalb so wuchert – als Zeichen sozusagen. In jedem roten Klatschmohn soll der Sage nach die Seele eines gefallenen Soldaten leben.» Hella hielt sich die Ohren zu. Solche Reden wollte sie absolut nicht hören. «Sag mir nochmal, wann du wiederkommst! Ich will mir das Datum ganz genau einprägen!» «In vier Monaten bin ich wieder bei Dir – diesmal aber für länger, weil ich versetzt werde – sofern der Krieg noch nicht vorüber ist, versteht sich. Und dann, mein Herz, schleppe ich Dich vor den Traualtar, ob du willst oder nicht!» Hella schlug mit einem Kissen nach ihm. «Du hast was Wichtiges vergessen, Liebster!» «Und was wäre das?» «Na, die Braut zu fragen, ob sie auch will!» Da fiel Gabriel vor Hella auf die Knie, um ihr die Frage der Fragen zu stellen: «Willst Du mich heiraten, Hella Hohenberg?» Und ob sie das wollte!

Anstatt ihres strahlenden Helden kamen kurz vor der heiß ersehnten Heimkehr lediglich ein Brief und eine Schachtel an, die an Hella Hohenberg adressiert waren. Gabriel war im Kampf gefallen. Seine Maschine war über einem Moor in Belgien von einem Feindflugzeug abgeschossen worden. Leichenblass saß sie da und starrte auf das Blatt Papier in ihrer zitternden Hand. Irgendwie fühlte sie sich, als ginge sie das alles gar nichts an. Das konnte einfach nicht wahr sein. Nicht einmal die Tränen wollten ihr kommen. Erst als sie die Schachtel mit Gabriels Habseligkeiten und seinem Brief ausgepackt hatte, begannen die Tränen heiß und unaufhörlich zu fließen.

«Liebste Hella!
Wenn du diese Zeilen liest, werde ich in anderen Sphären sein, denn dieser Brief wird nur abgeschickt, wenn es mich erwischen sollte. Aber eins musst du wissen. Egal wo ich auch bin, was immer dort drüben ist, ich werde dich immer lieben und immer bei dir sein. Als ich gestern deinen Brief bekam, war mir, als müsste ich die ganze Welt umarmen. Stell dir vor, ich werde Vater! Ein völlig neues Abenteuer für uns drei! Allerdings trage ich jetzt auch die Verantwortung für dich und das Baby. Sollte mir etwas zustoßen, habe ich eine Art Notfallplan für euch ausgearbeitet. Ich will, dass ihr auf jeden Fall versorgt seid. Du musst jetzt stark sein, Hella, denn es geht um euch beide: Bei meinen Sachen findest du meinen Helm und die Adresse meiner Tante. Bitte setze dich mit ihr in Verbindung, denn auch sie hat einen Brief von mir erhalten. Damit du und das Baby versorgt seid, möchte ich, dass wir trotzdem heiraten – ja, glaub mir, das geht – auch wenn ich nicht mehr da bin. Man nennt das Helmhochzeit. Die Hochzeit wird von meiner Tante arrangiert, der Helm wird an meiner statt auf meinem Platz liegen…

Hella konnte nicht mehr weiterlesen. Von wildem Schluchzen gebeutelt, rollte sie sich auf dem Ottoman zusammen, Gabriels Lieblingspullover, der immer noch so gut nach ihm roch, fest an sich gepresst: Jetzt einfach einschlafen und nie mehr aufwachen!

Gabriels Leichnam konnte nicht geborgen werden, denn seine Spitfire war im Moorgebiet versunken. Da seine Kameraden den Hergang so genau beobachtet hatten, wurde er trotzdem für tot erklärt. Die Hohenbergs und Sarah Westley bereiteten alles für die traurigste Hochzeit vor, die wohl je gefeiert worden war.

An Stelle von fröhlichem Lachen und herzlichen Glückwünschen sah man nichts als versteinerte Mienen mit roten, verheulten Augen und leeren Blicken. Dieser Tag war der schlimmste, den Hella je erlebt hatte. Wie anders hatten sie und Gabriel sich ihre Hochzeit ausgemalt. An der Stelle, an der sich normalerweise Braut und Bräutigam küssten, lief ihr plötzlich ein Schauer über den Rücken. Hatte sie das nur geträumt? Den Bruchteil einer Sekunde lang konnte sie Gabriels Kuss auf ihren Lippen fühlen, und es war ihr, als ob er zärtlich ihre Hand berührte. Konnte es wirklich wahr sein? Ihre Großmutter hatte ihr einmal erzählt, dass manche Seelen, wenn sie zu schnell aus dem Leben gerissen würden und keine Chance hätten, Wichtiges ins Reine zu bringen, auf der Erde verhaftet blieben. Bisher hatte sie das immer als Ammenmärchen abgetan. Als sie den Kopf hob und aus dem Fenster sah, fiel ihr Blick auf eine rote Mohnblume, die sich sanft im Wind wiegte. Nein, sie hatte nicht geträumt. Gabriel war bei ihr – genauso, wie er es ihr im Brief versprochen hatte.

Nach der Hochzeit zog sie in ein hübsches, weiß getünchtes Häuschen mit hölzerner Veranda, das von einem wunderschönen Rosengarten umgeben war und direkt an Sarah Westleys Anwesen grenzte. Schon vom ersten Tag an hatte Hella dort das Gefühl, dass ihr Gabriel hier ganz nah war. Im Obstgarten hinter Hellas Haus gab es sogar noch das alte Baumhaus, in dem Gabriel als Junge so gerne gespielt hatte. Vom Schlafzimmerfenster aus hatte sie einen wundervollen Blick auf ein Kornfeld, das schon bald von rotem Mohn überwuchert war. Am Abend aber, immer dann, wenn der Wind sanft durchs offene Schlafzimmerfenster strich und sie sich am meisten nach Gabriel sehnte, brauchte sie nur den Mohn anzusehen, der schon bald rund um ihr Anwesen blühte, dann konnte sie beinah seine Stimme im Wind vernehmen.

Im nächsten Frühsommer, als der Mohn wieder zu blühen begann, brachte Hella ihr Kind zur Welt. Es war ein Mädchen, das sie untypischer Weise Mohnika nannte. Die Leute wunderten sich zwar anfangs über die ungewöhnliche Schreibweise. Den kleinen Schreihals mit den Grübchen, den veilchenblauen Augen und dem blonden Schopf musste man aber einfach ins Herz schließen. Und so vergingen die Jahre. Hella erbte nach Sarah Westleys Tod das Gut, das sie später an Mohnika, die eine beliebte Nachrichtensprecherin wurde, weitergab. Geheiratet hatte Hella nicht wieder. Schließlich fühlte sie Gabriels Gegenwart auch noch nach so vielen Jahren so deutlich wie am Tag ihrer Hochzeit.

Es geschah kurz nach Hellas 75. Geburtstag. Sie kletterte langsam aus dem Bett, warf einen Blick aus dem Schlafzimmerfenster und wollte ins Bad, um sich zu waschen, als sie plötzlich zusammenzuckte. Irgendetwas war heute anders. Außerdem spürte sie eine beunruhigende Leere in ihrem Innern. Was war bloß los mit ihr? Da fiel es ihr wie Schuppen von den Augen. Gabriel war weg. Seine liebevolle Gegenwart, die sie all die Jahre über begleitet hatte, war verschwunden. Plötzlich läutete das Telefon im Flur.

Hella griff völlig verstört nach dem Hörer. Das, was ihr die Stimme am anderen Ende sagte, konnte sie zuerst gar nicht begreifen. Aber dann fügte sich auf einmal alles wie ein Puzzle zusammen. Bei Bauarbeiten hatte man Gabriels Flugzeug entdeckt und aus dem belgischen Moor geborgen. Nun, da sein Leichnam identifiziert war, wollte man wissen, ob eine Überstellung noch immer erwünscht war. «Also das war es gewesen – Gabriel war nach all der Zeit ins Licht gegangen.»

Endlich konnte sie sich die Leere in ihrem Herzen erklären. Das Begräbnis fand zwei Wochen später statt. Fliegerleutnant Gabriel Gifford wurde mehr als 50 Jahre nach seinem Tod im Familiengrab neben Tante Sarah beigesetzt. Als sie ihm eine rote Rose als letzten Gruß ins offene Grab werfen wollten, musste sie plötzlich verwirrt innehalten. Neben dem Grabhügel war eine kleine rote Mohnblume erblüht. «Bis bald, mein Herz! Ich warte drüben auf dich…», flüsterte Gabriels Stimme im Wind.

Frauenmantel

Meine 7 Wochen alte Tochter hat Verdacht auf Kuhmilch-Eiweiß-Allergie. Da ich zufüttere, muss sie seit ein paar Tagen eine Spezialnahrung zu sich nehmen, die sie zusehends verweigert. «Trink Hollersaft, das hat die Milchmenge bei meiner Frau immer umgehend gesteigert!», riet mir ein guter Freund. Als ich im Kräuterbuch blätterte, blieb ich «zufällig?» beim Frauenmantel hängen: Als Tee getrunken, lindert dieser demnach nahezu alle Frauenbeschwerden. Auch während und nach der Geburt kann der Frauenmantel hilfreich sein. Frauenmantel-Tee fördert die Milchbildung. Man sagt, dass man Schreibabys mit dem Tautropfen, der sich morgens in der Blattmitte sammelt, beruhigen kann, wenn man ihnen damit die Schläfen bestreicht. Später soll Frauenmantel gegen Wechseljahrbeschwerden helfen.

Der Mantel der Mutter Gottes

Vor langer Zeit lebte in einem kleinen Städtchen ein wunderschönes Mädchen, das den Namen Marie trug. Doch so strahlend schön auch sein Äußeres war, so dunkel und verworren war seine Seele. Marie war von niedriger Geburt, ihr Vater war Flickschuster, und sie arbeitete als Zimmermädchen beim nahe gelegenen Gutsherrn. Obwohl sie ob ihrer Schönheit viele Verehrer hatte und ein gutes Leben führte, war ihr nichts gut genug. Was immer ihr das Schicksal zuspielte, sie konnte sich nicht damit zufrieden geben und wollte stets noch mehr. Doch eines Tages spielte ihr der Größen-

wahn übel mit. Sie hatte beschlossen, ihren Arbeitgeber, den reichen Gutsherrn Sylvester, zu verführen und durch eine vorgetäuschte Schwangerschaft seine Frau zu werden. Sie hatte ihr Vorhaben gut geplant, doch irgendetwas musste schiefgelaufen sein. Als sie merkte, dass sie wirklich ein Kind erwartete, verließ sie zum ersten Mal in ihrem Leben der Mut. Als es sich dann doch nicht mehr verheimlichen ließ und sie zum Gutsherrn ging, hieß sie dieser eine schamlose Betrügerin, die ihm ein Kuckucksei unterschieben wollte und jagte sie davon.

Frierend und einsam schritt Marie die schmutzige Landstraße entlang, während die ersten Schneeflocken vom Himmel fielen. Was sollte sie nun tun, und wohin sollte sie gehen? Mit ihrer Familie hatte sie schon lange gebrochen, weil sie sich für die «lausige Lumpenbande» – wie sie sie beschimpft hatte, schämte. Auch mit den alten Freunden hatte sie jeglichen Kontakt abgebrochen. Und den wenigen treuen Verehrern konnte sie in ihrem Zustand schon gar nicht unter die Augen treten. Da brach wie aus heiterem Himmel ein Schneesturm los. Ängstlich suchte das Mädchen Zuflucht, doch es waren weit und breit weder Haus noch Stall noch Wald in Sicht. Da kauerte sie sich in den Schnee, um sich ihrem Schicksal zu ergeben. Es hatte doch sowieso keinen Sinn mehr. Aber vielleicht würde ihr ein Gebet den Übergang in die Welt da drüben erleichtern. Plötzlich wurde sie von einem überirdischen Strahlen geblendet, das ihr den Atem nahm. «Steh auf, mein Kind!», sprach sie eine warme freundliche Frauenstimme an. «Du weißt doch, es sind die verloren geglaubten Sünder, die Gott am meisten liebt. Du hast mit deinem Gebet auf den rechten Weg zurückgefunden. Siehst du das kleine runde Blättchen vor dir im Schnee? Es ist aus einem Stückchen aus meinem Mantel, den ich trug, als ich in Bethlehem mein geliebtes Jesuskind geboren habe. Pflücke es, und es wird sich alles zum Guten wenden. Aber vergiss später nicht, den Leuten zu erzählen, dass das Pflänzlein hier ‹Frauenmantel› heißt und den Frauen in allen Lebenslagen zur Hilfe gereicht. Besonders den Gebärenden wird die Pflanze gute Dienste leisten. Ich habe dich dazu auserkoren, die Botin dieser meiner Pflanze zu sein.» Noch bevor die junge Sünderin der Gottesmutter danken konnte, war das helle Strahlen verschwunden. Als sie jedoch die Pflanze berührte, so wurde das Blatt größer und größer, bis sie ein schützendes Zelt bildete, unter dem das Mädchen Schutz und Wärme fand. Am nächsten Morgen war der erste Schnee wieder geschmolzen. Es schaute sogar die Sonne heraus. Oben auf dem Dach der Pflanze hatte sich über Nacht ein großer, glänzender Tautropfen gebildet, der das Mädchen wie magisch anzog. Als Marie davon trank, ging es ihr sogleich besser, und sie fühlte sich warm und gestärkt. Als sie blinzelnd in die Sonne blicken wollte, bemerkte sie viele solche Blätter vor sich, die ihr mit ihren glitzernden Tautropfen einen schillernden Weg zu weisen schienen. Am Ende des Weges gelangte sie zu einem gemütlichen kleinen Häuschen, das aussah, als habe es nur auf Marie gewartet. So blieb sie und gebar im Frühjahr eine gesunde Tochter, die sie Vilja nannte. Von nun an sollte sich Maries Leben von Grund auf ändern. Sie beschäftigte sich intensiv mit Kräutern und wurde schon bald zu einer beliebten und angesehenen Hebamme, die die Botschaft des Frauenmantels hinaus trug und ihn zum unabkömmlichen Begleiter der Frauen in all ihren Lebenslagen machte.

Johanniskraut

Sommersonnenwende – der Tag, an dem die Sonne (hoffentlich) am längsten zu sehen ist. Die kürzeste Nacht des Jahres wird vielerorts von Sonnwendfeuern und Mittsommerfesten begleitet. Wer übers Sonnwendfeuer – wie es unsere Vorfahren gehalten haben – auch springen will, kann in dieser Nacht alle Sorgen und was er sonst noch loswerden will, hinter sich lassen – so sagt man. Wer nicht springen möchte, könnte es damit versuchen, seine Sorgen zu Papier zu bringen, um das Zettelchen im reinigenden Feuer zu verbrennen – ein spannender Versuch, der zumindest im Kopf einiges bewirken müsste…

Früher trugen die Menschen in manchen Gegenden beim Feuersprung Beifuß-Gürtel, um die Naturkräfte, die an diesem Tag am stärksten sein sollen, noch besser auszunützen. Auch die Heilkräuter sollen zur Sommersonnenwende die größte Kraft besitzen.

Das wohl typischste Kraut für diese Zeit ist das Johanniskraut. Als Antidepressivum soll es seit jeher die Kraft besitzen, wieder etwas Sonne in Herz und Gemüt zu bringen. Auch gegen Kopfschmerzen und Regelbeschwerden soll es gut einsetzbar sein. Wie das Echte Johanniskraut mit seinem blutroten Saft zu den kleinen schwarzen Pünktchen auf den Blättern kam, erzählt meine heutige Geschichte.

Die wundersame Rettung des Johanniskrauts…

Als der liebe Gott zu Anbeginn der Zeit die Erde samt all ihrer wunderbaren Fauna und Flora erschuf, war eine der ersten Pflanzen die ihm einfielen, das Johanniskraut. Schon damals war dem Schöpfer schmerzlich bewusst, dass sein eigener Sohn später die Welt nur retten konnte, indem er den qualvollen Kreuzestod starb.

Um den Schmerz der Gottesmutter und der Schar seiner Jünger zu mildern, ließ er ein wunderschönes zartes Kräutlein wachsen, dessen Blütenköpfchen sich wie kleine gelbe Sonnen im strahlenden Licht des Sommers räkelten. Man konnte sie auch mit kleinen Löwenmähnchen vergleichen. Ihre Farbe war von einem derart strahlend-fröhlichen Gelb, dass ein kurzer Blick genügte um Sorgen und Traurigkeit zu vergessen. Ihr bloßer Anblick erhellte das Gemüt. Selbst die Winterdepressionen ließen sich kurzerhand mit einem Ölauszug aus Johanniskraut verscheuchen. Der dunkelrote Saft aus den Adern der Pflanze sollte an das Blut Jesu Christi erinnern.

So war es nicht verwunderlich, dass Maria Magdalena unter dem Kreuz des Herrn das kleine Kraut mit der bemerkenswerten Blütenpracht entdeckte und sozusagen als Erinnerung an Jesus in ihrem Garten einsetzte, wo es prachtvoll gedieh und sich wunderbar vermehrte.

Luzifer, tief unten in der Hölle aber, gefiel das gar nicht. Er hatte mit Freuden beobachtet, wie Jesus am Kreuz zu Golgotha gestorben war. Als er die wunderbare Auferstehung mitbekam, blieb ihm vor Wut die Spucke weg. «Das ist doch zum Haare ausraufen!» brüllte der Höllenfürst. «Immer wenn ich glaube, es geschafft zu haben, hat Gott einen neuen Trumpf im Ärmel. Ich hab es endgültig satt, ständig von ihm an der Nase herumgeführt zu werden! Ich bin der rechtmäßige Herr über die Welt, nur ich und keiner sonst!» Wütend und nach heißem Schwefel stinkend schlich er auf der Erde herum. Irgendetwas musste es doch geben, um das Blatt zu wenden.

Vor Maria Magdalenas Gartenzaun stand ihm das kleine gelbe Kraut im Weg. Als er es mit seinen Krallen beiseite schob, wurde er vom roten Pflanzensaft benetzt. «Grrrrhhhh!», mit einem Urschrei, wie er nur der Hölle selbst entstammen konnte, fuhr er mit seinen scharfen Krallen auf das Johanniskraut los, um es für immer zu zerfetzen und auszumerzen, denn die beruhigende Heilwirkung und die Macht, die dem Kräutlein innewohnten, waren Satan nicht verborgen geblieben.

Da erschien plötzlich Erzengel Michael mit seinem Flammenschwert. «Wag es nicht, das Andenken an unseren Herrn zu vernichten!» Der oberste Schutzengel katapultierte den Höllenfürst mit Karacho wieder zurück in die

Unterwelt. Allerdings musste auch er ein paar ordentliche Hiebe und Kratzer einstecken, was Luzifer dazu veranlasste, überall herumzuerzählen, er habe den Erzengel Michael gründlich verdroschen, denn die beiden lagen schon seit langem im Clinsch.

Sei's wie's sei: Erzengel Michael hat das Johanniskraut gerettet. Die Spuren der Teufelskrallen kann man bis heute in den Blättern vom Johanniskraut sehen.

Beifuß

Wenn die Grillsaison beginnt, geistert vielen die Überlegung durch den Kopf, wie sich das Fett aus Schopf und Schweinebauch am besten verdauen lässt. Die Version mit dem Schnapserl danach ist zumindest für die Autofahrer nicht ratsam. Tee und Magenbitter werfen einen geschmacklich nicht gerade vom Hocker.

Eine recht schlaue Lösung hatten die Wikinger auf diesem Gebiet parat. Sie füllten ihren Fisch, der im Lehmofen gegart wurde, lediglich mit Beifuß, der ein natürlicher Fettspalter sein soll und überdies leicht pfeffrig schmeckt.

Der Beifuß besitzt auch sonst einige recht interessante Eigenschaften. Sein Geruch hält Hunde fern. Als Räucherkraut steht er für Kraft, Fruchtbarkeit und Schutz. Und um genau diese Werte geht es in meiner heutigen Geschichte.

Wirbel im Reich der Götter

Es geschah zu Anbeginn der Zeit, als selbst die Götter erst nach und nach alle Geheimnisse der Pflanzen und Kräuter herausfanden und sich zu eigen machten, als der mächtige Donnergott Thor das Geheimnis des Beifuß' entdeckte und es sich sogleich zu Nutzen machte.

Der Beifuß war damals eine stolze Pflanze, die aufrecht am Wegesrand stand und mit ihren silbrig schimmernden Blättern jedermann ins Auge stach. Hochmütig und eitel war der Beifuß und auch seine Pflanzenbotschaft lautete ‹MACHT›. «Du bist die perfekte Pflanze für mich!», entfuhr es dem mächtigen Donnergott, als er sie aufrecht und stolz in der Sonne glänzen sah. «Wenn du mir dienst und dich mir, dem mächtigen Thor, weihen lässt, so mache ich dich zur ersten und mächtigsten Pflanze im Pflanzenreich. Keiner wird dich übersehen, jeder wird dich fürchten, und alle, das sei dir gewiss, alle werden sie dich haben wollen, das verspreche ich dir!»

Dem eitlen Beifuß schmeichelte Thors Angebot, und so beschloss er, auf den Handel einzugehen und ihm sein letztes Geheimnis zu enthüllen: «Ich willige ein, mächtiger Donnergott! Flechte einen Gürtel aus meinen Blättern und gib ihm den Namen ‹Megingjardr›. Wenn du ihn trägst, wird sich deine Macht verdoppeln! Meine Bedingung ist, dass du ihn schon beim Weiheritual trägst, das mich an dich binden soll. Alle sollen sehen, dass die große Macht des Thor von mir, dem Beifuß, herrührt.»

Doch schon beim Weiheritual schien etwas mit den anderen Göttern zu passieren. Die Gottheiten, die doch sonst so umgänglich und fröhlich waren und so wie Menschen kleine Ränke schmiedeten, ab und zu einmal zankten, sich aber im Großen und Ganzen wieder gut vertrugen, schienen auf einmal von Missgunst und Neid erfüllt. Anstatt des Frohsinns und der Heiterkeit, die sonst bei solchen Festen herrschte, spürte man Zank, Eifersucht und in manchen Ecken gar blanken Hass. Sonst war es nur Loki, dessen Taten oft böswillig entgleisten. Nun schien viel schlimmeres ins Haus zu stehen.

Durch die doppelte Macht eines einzigen Gottes war das Universum aus dem Gleichgewicht gekommen. Die Kräfte hatten sich verschoben; ja, hätte man die Schwingungen im göttlichen Eichenhain damals schon messen können, sie wären doppelt so schnell als sonst gewesen.

Über den Göttern gab es allerdings noch eine Instanz. Und ihm – dem Schöpfer des Himmels und der Erde – gefiel das Ganze ganz und gar nicht. Aber sollte er jetzt schon eingreifen? War es nicht zu früh? Und so beschloss er, das Geschehen noch einige Tage zu beobachten. Doch es wurde nur noch schlimmer. Die Götter stritten und raubten, verletzten einander – und wären sie nicht unsterblich gewesen, sie hätten sich gegenseitig umgebracht. Nun ging es auch noch den Pflanzen an den Kragen, denn sie wollten eine finden, die dem Beifuß ebenbürtig war. Sobald sie jedoch herausfanden, dass diese Pflanze nicht machtgebunden war, wurde sie achtlos ausgerissen und zertreten.

Am siebenten Tag wurde es dem Schöpfer endgültig zu bunt. «Ich soll heute noch den Menschen erschaffen, und ihr habt nichts anderes zu tun, als dieses unbändige Chaos zu stiften?! Amen, ich sage euch, vom heutigen Tag an wird jedes Volk seine eigenen Gottheiten verehren. Im Großen und Ganzen sollt ihr zwar alle die selben Eigenschaften haben. Doch ich werde euch lieber künftig vor zu großer Macht bewahren, denn damit könnt ihr, wie ihr eben bewiesen habt, absolut nicht umgehen!» Und so kam es, dass Zeus vom Olymp aus über die Götter der Griechen herrschte, Jupiter wurde der Göttervater der Römer genannt. Beide befehligten sie auch den Donner – gerade so wie Thor, der weiterhin von Asgard aus für den Donner bei den Nordischen Völkern der Germanen zuständig war. Auf dem Kontinent führte wiederum der Germanengott Donar das Regiment über den Donner. Zur Sicherheit besetzte der Schöpfer allerdings den Posten der germanischen Götterväter mit Wodan und Odin, um die Macht nur ja gut zu verteilen. Ein gutes Hausmittel, das der Weltengott auch später beim Turmbau zu Babel noch einmal einsetzen sollte.

Was den Beifuß anbelangt, so konnte er nicht anders, als ihn einmal kräftig an den stolzen Pflanzenohren zu ziehen. «Deinen Hochmut werde ich dir austreiben! Ich werde dich zwar an demselben Platze lassen, an dem du von Anbeginn warst, allerdings wird dich niemand mehr beachten. Dabei wird dir auch dein wunderschöner Silberglanz nicht helfen. Ich will dir zwar deine Zauberkräfte nicht nehmen, aber allein der Eingeweihte und Kräuterkundige soll deine Wundergaben sehen und sich zu nutze machen können. Um mich nicht zu vergessen, wird ein Teil von dir in der Küche landen. Dort sollst du den Menschen helfen, fettes Fleisch besser zu vertragen und sollst in zerriebener Form sogar in die Wurst kommen – was eine Wurst ist, wirst du bald genug herausfinden.

Und morgen weihe ich dich der Göttin Artemis – Artemisia werden dich die Leute nennen. Dein neues Hauptaufgabengebiet wird sein, Frauen in allen Bereichen der Fruchtbarkeit und Empfängnis zu helfen. Dein Rauch soll das Zimmer von Mutter und Neugeborenem reinigen und desinfizieren, deine ätherischen Öle die Geburt erleichtern. Und ein Tee aus deinen Blättern soll helfen, damit sich der Kinderwunsch leichter einstellt. Du wirst Schutz bieten und reinigen, zu Johanni wirst du dann im Feuer verbrannt und geläutert werden.

Um dich deine kriegerischen Ränke nicht vergessen zu lassen, werden deine Blätter in den Schuhen römischer Soldaten landen, um den vom langen Marsch schmerzenden Füßen Linderung zu verschaffen.

Zu eng wird deine Freundschaft mit Tieren, Menschen und Göttern nicht mehr sein. Die Menschen sollen in Zukunft einen respektvollen Sicherheitsabstand zu dir wahren und dich – sofern sie dich sehen – fast ein bisschen fürchten. Hunde werden vor deinem Geruch flüchten! So soll es sein!», sprach der Herr. Und so ist es bis zum heutigen Tag. Der Beifuß fügte sich in sein Schicksal – fast zumindest, denn in letzter Zeit kommt er verdächtiger Weise wieder mehr und mehr in Mode.

Breitwegerich

Wann immer ich eine Kräuterwanderung mit Kindern bzw. mein «Schule-am-Bauernhof»-Kräuterprogramm auf der «Singing Farm» mache, leistet mir der Breitwegerich große Dienste. Als Orakel (man klemmt das Blatt in der Mitte zwischen beide Daumen, reißt es dann auseinander und zählt, wie viele kleine Fäden an der Rissstelle sichtbar sind – die Anzahl der herausragenden Blattnerven ist dann die Antwort auf die gestellte Frage…), ist er immer wieder ein Hit. Als Indianerpflaster hilft er bei Insektenstichen. Hat ein Kind einmal schmerzende Füße oder gar eine Blase an den Füßen bekommen, lege ich gleich einmal ein «zerwutzeltes» Blatt in den Schuh. Der Saft des Breitwegerichs wirkt kühlend und angeblich auch wundheilend. Meine heutige Breitwegerich-Geschichte ist daher ebenfalls eine, die besonders bei Kindern gut ankommt.

Die Brennnessel und der Breitwegerich

Es geschah zu einer Zeit, in der unsere heimische Fauna und Flora schön langsam die Gestalt anzunehmen begann, die wir auch heute noch in unseren Breiten vorfinden, als sich der Breitwegerich in einer schweren Identitätskrise befand.

«Mein feiner Herr Bruder, der Spitzwegerich, steht aufrecht und gerade in der Wiese, seine zarten Samen schmecken angenehm nussig, gegen Husten über Schlangenbisse und stark blutende Wunden soll er wahre Wunder wirken und sogar seine rote Wurzel, mit den 94 Würzelchen, soll sich heilsam aufs Blut auswirken. Ein echter Tausendsassa, mein Brüderchen! Echt toll! Und was bleibt für mich? Ich hab's echt satt, ständig im Schatten dieses aufgeblasenen Heinis zu stehen. Zudem trampeln auch noch die Menschen, klein und breit, wie ich nun mal bin, ständig auf mir herum. Sie würdigen mich keines Blickes und zertreten mich, mir nichts, dir nichts. Nur weil ich auf ihrem Weg stehe, ist das noch lange kein Grund, mich so zu behandeln! Dazu kommt noch, dass der Herrgott anscheinend bei mir gänzlich auf heilsame Eigenschaften vergessen hat. Und da soll's einen nicht verdrießen!»

«He, du da! Ja, dich mein ich – den kleinen Bi-Ba-Butzemann mit der Plattnase! Warum verziehst du dich nicht einfach!», stänkerte ihn jetzt auch noch die Brennnessel an. «Alle anderen Pflanzen hab' ich schon längst überwuchert, nur du lästiger Zwerg stehst noch immer da!» Da geschah etwas, was es bisher in der Pflanzenwelt noch nie gegeben hatte! Der Breitwegerich fing vor lauter Wut an zu kochen, und ein eigenartiger Gestank entwich aus seiner Wurzelgegend.

«Das ist doch die Höhe!» Mit puterrotem Gesicht fuhr plötzlich eine kleine Gestalt aus dem nebenan gelegenen Erdloch empor. «So eine Frechheit! Ist dir bewusst, was du da angerichtet hast? Da hab ich eben erst unter deinen Wurzeln mein Pflanzenlabor eingerichtet, Phiolen, Gläser und Gerätschaften an deinen Bi-Ba-Butze-Wurzeln angebracht, und du machst all meine Forschungsarbeit mit Gestank und Wutausbrüchen zunichte. Kannst du mir vielleicht sagen, wie ich das alles wieder reparieren soll?», schimpfte das Wesen vor sich hin. «Ach, darum fühlten sich meine Wurzelfüße in letzter Zeit gar so schwer an! Wer bist du überhaupt?», wollte der Breitwegerich wissen. «Ich bin Phiol, ein Erdgeist, und ich erforsche die Eigenschaften der Pflanzen. Da es bei dir sowieso nicht viel zu erforschen gibt, dachte ich, ich verwende wenigstens deine Wurzeln als Forschungsstation.» Und damit fuhr er beleidigt wieder zurück in sein Erdloch hinunter.

«Potz Blitz und Donnerwetter!», rief Phiol, als er ein paar Tage später wieder aufkreuzte. «Du bist mir ein Teufelskerl, Bi-Ba-Butzemann. Als du neulich vor lauter Wut gekocht hast, hast du offensichtlich eine chemische Reaktion verursacht, die sich nicht nur auf deine Doppelhelix, sondern auch auf deine nicht vorhandene Heilkraft ausgewirkt hat. Hier, pass mal auf...», und damit zog Phiol eine lange Liste hervor, aus der er vorzulesen begann:

«Also, neuesten wissenschaftlichen Erkenntnissen zufolge sind deine Wurzeln mit der lustigen «Punkfrisur» ein toller Rachenputzer, außerdem

straffst du das Bindegewebe, sprich, den weiblichen Busen. Haben sich da vielleicht deinen geheimen Fantasien offenbart, hi hi hi?! Aber um wieder auf deine Heilwirkung zurück zu kommen: Deine Samen schmecken in geröstetem Zustand ganz hervorragend, deine Blätter wirken äußerst lindernd, wenn sie von müden Wanderern, die möglicherweise auch noch Blasen an den Füßen haben, in die Schuhe gelegt werden. Du wirkst kühlend und wundheilend. Tee aus deinen Blättern kann Husten lindern, außerdem wirken sie zerquetscht bei Insektenstichen absolut spitzenmäßig. Und weißt du, was ich am größten finde?! Dein Streit mit der Brennnessel hat sich auch auf deine Heilkraft ausgewirkt. Du bist ab jetzt das beste Mittel, wenn sich ein Mensch brennnesselt. In so einem Fall heißt es einfach: Blatt zerquetschen und so lange auftragen, bis man bis 30 gezählt hat.»

Zum ersten Mal seit langer Zeit strahlte der Breitwegerich von einer Blattspitze zur anderen. Endlich hatte auch er seine Bestimmung gefunden. «Danke, Phiol! Du hast mir gerade einen Fels von der Seele genommen. Willst du vielleicht weiterhin bei meinen Wurzeln unten arbeiten?» Dieses Angebot nahm der Erdgeist mit Freuden an, und so wurden die beiden beste Freunde. Nur mit der Brennnessel hatte der Breitwegerich noch ein Hühnchen zu rupfen, auch wenn sie eigentlich die Ursache für seine Wandlung war.

«He, du! Brennnessel! Na wie geht's dir beim Wuchern? Schon alle erfolgreich vertrieben? Freunde, Verwandte, wohlwollende Bekannte?» «Du schon wieder! Bist du immer noch da, Bi-Ba-Butzemann?» «Ja, immer noch – und das werde ich auch noch lange bleiben. Ich hab's nämlich nicht nötig, andere zu vertreiben, denn ich vermehre mich auch so. Wart's nur ab, in kurzer Zeit werde ich auf der ganzen Welt heimisch sein, denn meine Samen bleiben an den Schuhsohlen der Menschen haften. Das hab ich übrigens auch dir und dem Wutausbruch neulich zu verdanken!»

Und so geschah es, dass wir den Breitwegerich bis zum heutigen Tag auch «Fußspuren des weißen Mannes» bzw. «Fußstapfen der Bleichgesichter» nennen und er rund um den Globus zu finden ist.

Hirtentäschel

Kürzlich habe ich meine erste eigene Hirtentäschel-Erfahrung gemacht. Eine unserer Muttersauen, die eben erst Ferkel bekommen hatte, bekam immer wieder starke Blutungen. Nicht einmal der Tierarzt wusste Rat, denn die Verletzung dürfte innerlich gewesen sein. So konnten wir nur abwarten, ob das Tier aus eigener Kraft überlebte. Nach einigem Grübeln holte ich mein Kräutermärchenbuch und begann zu stöbern, welche Kräuter da noch helfen könnten. «Hirtentäschel wirkt stark blutstillend», hatte ich mir da zusammengesucht. Also setzte ich mich auf mein Fahrrad und radelte den Ackerrain ab, wo ich vor kurzem Hirtentäschelkraut entdeckt hatte. Dann bereitete ich Tee aus Hirtentäschel und etwas Frauenmantel zu und mischte ihn samt den Kräutern unters Wasser im Futtertrog.

In den nächsten Tagen gab ich ihr weiter Hirtentäschelkraut zu fressen – und siehe da – die Blutung hörte wirklich auf, Sau und Ferkel überlebten unbeschadet.

Ob das Ganze reiner Zufall war oder ich das Tier durch meine Behandlung wirklich gerettet habe, kann ich natürlich wieder einmal nicht mit Sicherheit sagen, aber in diesem Fall hatte ich zumindest nichts zu verlieren gehabt. Um diese besondere Heilwirkung geht es auch in meiner neuen Geschichte…

Die Geschichte vom Hirtentäschel

Es war einmal ein kleiner Hirte, der viel sensibler war als die anderen großen Hirten. Da es auch um seine Muskelkraft nicht zu gut bestellt war, bekam er immer nur die kärglichsten, steilsten und steinigsten Fleckchen Weide für sich und seine kleine Ziegenherde ab. Die anderen Hirten feixten und lachten ihn aus. Aber wie sollte je etwas Gescheites aus ihm werden,

Das Hirtentäschel ist eine recht unscheinbare Pflanze. In der Wiese verschwindet es gern zwischen all den anderen Gräsern und Kräutern – und doch besitzt es eine beachtliche Heilkraft: Hirtentäschel wirkt zusammenziehend, blutstillend und austrocknend. Es wird daher äußerlich gerne bei Blutungen eingesetzt.

wenn er und seine Tiere nur selten genug zu essen bekamen. Gott sei Dank war er ein beherzter Flötenspieler und konnte sich so ab und zu den einen oder anderen Kreuzer dazuverdienen, wenn es im Dorf etwas zu feiern gab.

Als er eines Nachts von einer Hochzeit, auf der er aufgespielt hatte, nach Hause schlenderte, hörte er ein verzweifeltes Jammern vom Straßengraben herauf.

«Mütterchen, Mütterchen, was macht ihr zu so später Stunde im Graben dort unten?», wollte der verdutzte kleine Hirte wissen, als er in den Graben hinter geklettert war. «Hilf mir doch, so hilf!» weinte die Alte, die dort jämmerlich verdreht im Graben lag. «Ich bin gestürzt und kann nicht mehr aufstehen. Mein Bein blutet. Ich glaube, gebrochen ist es auch noch!»

Der kleine Hirte nahm all seine Kraft zusammen und hob die Alte aus dem Graben, um sie auf ein weiches Fleckchen Wiese zu betten. Flugs riss er das Kraut, das neben der Straße wuchs, aus und presste es fest auf die blutende Wunde – und siehe da, es dauerte nicht lange, da hörte das Blut zu fließen auf und bildete eine dunkelrote Kruste. «Jetzt mach ich dir noch eine Schiene und einen ordentlichen Verband. Und mach dir keine Sorgen, so behandle ich immer meine Ziegen, wenn sich eine verletzt!» Die alte Frau nickte dankbar – zwar mit schmerzverzerrtem Gesicht, aber trotzdem unendlich erleichtert. Als der kleine Hirte sein Werk vollendet hatte, klaubte er sein Täschchen aus dem Gras auf, entnahm ihm den eben verdienten Kreuzer und drehte das Geldstück nachdenklich zwischen den Fingern.

«Ich ruf dir jetzt noch den Bauern, der soll dich mit seinem Fuhrwerk nach Hause bringen!» sagte er lächelnd und gab der Alten auch noch sein letztes Stücklein Käse, damit sie inzwischen etwas zu Kräften käme. «Der Herrgott vergelt's dir tausend Mal!» flüsterte die Alte mit Tränen in den Augen, als sie der Bauer auf das Fuhrwerk gehievt hatte.

«Gern gescheh'n! Und werde bald wieder gesund!» rief ihr der kleine Hirte zum Abschied zu, als er den Bauern mit seinem Kreuzer bezahlte.

Kaum war das Fuhrwerk außer Sichtweite, verließ den kleinen Hirten jedoch der Mut. Sein Magen war leer, der Kreuzer weg und auch das Stückchen Käse hatte er verschenkt. Er öffnete seine Tasche, um nachzusehen, ob nicht doch noch ein Krümelchen übrig war. Aber was war das? Diese war plötzlich voller kleiner grüner Minitäschchen. «He, genau solche hingen an der kleinen Pflanze, die ich der Alten auf die Wunde gelegt habe! Vielleicht kann man die ja auch essen!» Und so kostete er. Und weil ihm die Samen in den kleinen Täschelchen schmeckten und er einen Bärenhunger hatte, aß er den Inhalt der Tasche ratzeputz leer. Mit den verzehrten Täschelchen beseelte ihn jedoch eine neue, ungeahnte Weisheit. Wie Schuppen fiel es ihm von den Augen, was diese Pflanze alles konnte.

Durch sein neues Wissen aber wurde aus dem armen kleinen Hirten plötzlich ein angesehener Hirte, Heiler und Ratgeber, dessen Ziegen von nun an auf den saftigsten Flecken weideten und schon bald rund und gesund aussahen, mit wunderschön glänzendem Fell.

Wenn du wissen willst, wie die Geschichte von unserm kleinen Hirten weiter gegangen ist, dann geh hinaus und horch ganz genau hin! Denn wenn der Wind durch die Hirtentäschel streicht, kann man den kleinen Hirten tuscheln oder auf seiner Flöte spielen hören.

Schafgarbe

Die längste Nacht des Jahres bricht an, während die Welt in eisigen Frost gehüllt ist. Kinderaugen leuchten voller Erwartung, und hie und da guckt schon ein Engerl zum Fenster herein. Und – spüren Sie's nicht auch? Das Christkind, es ist schon ganz nah. Endlich ist sie da, die «stillste Zeit im Jahr». Weil ich ein bisserl dazu beitragen will, die weihnachtliche Stille bis ins Innerste zu tragen, ist die heutige Geschichte eine kindliche, naive, die den Zauber der ersten Weihnacht wieder auferstehen lassen soll…

Das Jesuskinderl und die Schafgarbe

Als das Jesuskind geboren werden sollte – der grantige Wirt hatte Maria und Josef zu guter Letzt doch noch Obdach im alten Stall außerhalb der Stadt gewährt – besann sich Maria der alten Überlieferung über die Bettstrohkräuter. Ihre weise Cousine Elisabeth, die selbst vor einiger Zeit trotz ihres fortgeschrittenen Alters einen gesunden Johannes zur Welt gebracht hatte, hatte ihr doch erzählt, dass schon die Alten bestimmte Kräuter verwendet hätten, um das Gebären zu erleichtern. Aber welche Kräuter waren das bloß? Hm, der Frauenmantel gehörte dazu, das Labkraut, auch vom Quendel hatte sie gesprochen; Weidenröschen und Johanniskraut hatte sie erwähnt, aber mehr fiel ihr im Moment einfach nicht ein. Da riss sie auch schon die nächste Wehe aus ihren Gedanken. Egal – in der gegenwärtigen Situation konnte sie sowieso nicht wählerisch sein. Und so ließ sie sich im duftenden Heu nieder.

Die Geburt verlief gut, sodass auch der besorgte Josef aufatmen konnte – kein Wunder, denn droben auf dem Hüttendach hatte schon ein ganzer

Engelschor Platz genommen, um über das Wunder in der Krippe im Stall zu Bethlehem zu wachen.

Es dauerte nicht lange, da wurde die heilige Familie von schweren Tritten, aufgeregten Stimmen und dem freudigen Geblöke einer ganzen Schafherde mitsamt ausgelassener Hirtenmusik aus dem glückseligen Dämmerschlaf gerissen. Alle wollten sie der frischgebackenen Mutter gratulieren und dem Jesuskind ihre Geschenke darbringen. Den Retter der Welt bekam man schließlich nicht alle Tage zu Gesicht.

Als alle fertig waren und sogar die Heiligen Drei Könige verzückt dem Jesuskind gehuldigt hatten, begannen Ochs und Esel wieder zu Muhen und zu Ia-en. Sie kündigten noch einen verspäteten Besucher an. Es war der Nazl mit dem krummen Bein, der da beschwerlich über die Schwelle humpelte. In seinen zitternden Händen hielt er ein kleines, blutverschmiertes Lämmchen. Auf Nazls Wangen sah man die Spuren vertrockneter Tränen.

Scheu kniete er vor der Gottesmutter nieder und begann stockend zu erzählen: «Oh heilige Mutter, verzeih mein spätes Eindringen. Ich bin mit den anderen zusammen aufgebrochen, als uns der Engel die frohe Botschaft verkündet hat. Weil aber mein Bein verkrüppelt ist, konnte ich nicht mit den anderen Hirten Schritt halten. Ich wollte mein liebstes Lämmchen hier als Geschenk darbringen, sozusagen ein kleiner Spielgefährte für das Jesuskindlein. Da tauchte wie aus dem Nichts ein Wolf auf und stürzte sich auf das Lämmlein. Wären nicht drei hohe Herren auf Kamelen vorbeigeritten, die den Wolf vertrieben haben, wir wären beide nicht mehr zu retten gewesen. So hat es nur mein kleines Schaf erwischt und ich komme mit leeren Händen. Oh welch ein Jammer! Mein Lämmlein ist so schwer verletzt, es wird wohl die Nacht nicht überleben.»

Da öffnete das Jesuskindlein plötzlich die Augen, hob eines der molligen Händchen und ließ eine Pflanze mit weißem Blütenstand und wunderbarem Duft aus der Krippe hinunter fallen. Und – hatte man so etwas schon gesehen – wie von einer leichten Brise ergriffen, fiel die kleine Pflanze genau auf die schwerste

Wunde an der Seite des kleinen Schafes. Kaum hatte aber das Kraut den Körper des verletzten Tieres berührt, verschwand das Blut aus dem Fell des Lämmleins, die Wunde heilte, und das Tier konnte wieder von alleine aufstehen.

Der beherzte Hirt sprang auf und jauchzte vor Freude. Auf einmal bemerkte er, dass auch an ihm ein Wunder geschehen war. Sein verkrüppeltes Bein war plötzlich stramm und gerade. Er drehte sich im Kreis, hüpfte und lachte und nur im aller letzten Moment fiel ihm ein, dass es sich vielleicht nicht gehörte, der Mutter Gottes um den Hals zu fallen und ihr einen dicken Schmatz auf die Wange zu drücken!

«Ist schon recht, Nazl», lächelte ihn die heilige Maria an. «Du hast das Herz am rechten Fleck, und mein Jesuskinderl in der Krippe hier hat dir gerne geholfen. Auch mir hast du eine große Freude gemacht. Als ich mich aufs Lager legte, um zu gebären, hab' ich mir den Kopf über die Namen der Pflanzen zermartert, die zu den Bettstrohkräutern gehören. Mir ist auch diese Pflanze in den Sinn gekommen, aber mir wollte nicht einfallen, wie sie hieß. Ab jetzt soll sie den Namen ‹Schafgarbe› tragen, weil sie dein Schäflein und dich auf so wundersame Weise geheilt hat!»

Der Nazl dankte Maria, verabschiedete sich beim Josef und machte sich wieder auf die Reise. Das Lämmlein sprang vergnügt neben ihm her, denn Maria hatte es ihm wieder mitgegeben. Der lange Weg heim nach Nazareth wäre vielleicht doch noch zu anstrengend für das Tier gewesen. Der Nazl aber ging heim, und erzählte an jedem Lagerfeuer von nun an die wundersame Geschichte, wie die Schafgarbe zu ihrem Namen kam.

Wegwarte

Wenn die Tage kälter werden und die ersten Schneeflocken in der Luft tanzen, ist die ideale Zeit zum Lesen, Träumen und etwas «den Fuß vom Gaspedal des Lebens» nehmen. Für jene, die an Märchen und Geschichten Gefallen finden, habe ich in diesem Buch meine bisher verfassten Kräutermärchen gesammelt. «Gschicht'ln", die oft frei erfunden sind und manchmal auch kleine, wahre Anekdoten und Sager von Bekannten enthalten.

In dieser Geschichte geht's um die liebe Not mit dem Kaffee: Wer trinkt ihn wie? War's der Ex, der nur Milch und ja keinen Zucker rein will, oder doch der neue Lebensgefährte? Und welcher war das jetzt, der ihn nur mit Zucker trinkt? Als alte Kaffeetante könnte ich viel über den schwarzen Wundersaft erzählen... Im folgenden Märchen geht's allerdings um einen gesunden Kaffeeersatz, der noch dazu vor der Haustüre wächst.

«Sag mal, hast du die Stefanie schon wieder Kaffee trinken lassen?! Der Fleck auf ihrer weißen Bluse sieht äußerst verdächtig aus. Dabei hab ich dir schon hundert Mal gesagt, dass sie das nicht darf! Ist denn das so schwer zu begreifen?» Stefanies Mutter war erzürnt, weil sich ihr Ex-Mann einfach nicht an die Regeln halten wollte. Gott sei Dank war Stefanie nur am Sonntag bei ihm. «Ach, reg dich doch nicht immer so künstlich auf. Das bisserl Milchkaffee haut unser Mädel nicht um. Und irgendwer muss ja schließlich dafür sorgen, dass unsere Kleine nicht völlig verweichlicht wird», konterte Stefanies Vater ungeniert. «Du hast vielleicht Nerven! Unser Kind ist erst sieben!»... Stefanie hielt sich die Ohren zu und flüchtete zu ihrer Großmutter, die im Erdgeschoß wohnte. «Ach Oma! Ich bin ja so froh, dass du da bist. Mama und Papa streiten sich schon wieder, dabei sehen sie sich seit der Scheidung eh nur mehr, wenn mich der Papa abholt oder wieder heimbringt.» «Worum ging's denn diesmal wieder?» wollte die Großmutter besorgt wissen. «Na ja, um den Kaffee halt. Er schmeckt mir doch so. Und wenn ich ganz viel Milch rein gebe, darf ich ihn vom Papa aus trinken. Normalerweise ist das unser Geheimnis, aber blöder Weise habe ich mich heute wieder mal bekleckert…» Da musste die Großmutter schmunzeln. «Ja ja, Bohnenkaffee ist nicht gesund für kleine Kinder wie du. Aber komm einmal mit, ich möchte dich was kosten lassen.» Nachdem die Oma etwas in ihrer Küchenkredenz gekramt hatte, kam ein braunes Säckchen zum Vorschein. «Schau her, Stefanie! Das hier ist Zichorienkaffee. Er wird aus den Wurzeln einer Blume hergestellt und ist absolut unbedenklich!» Als der Wasserkocher pfiff, brühte sie zwei große Tassen Zichorienkaffee auf.

Großmutter und Enkelin bissen gerade herzhaft in Omas frisch gebackenen Reindling – dazu gab's Zichorienkaffee,

als unsanft die Tür aufgerissen wurde: «Ach da bist du...Gott sei Dank!» rief die Mutter erleichtert, und auch der Vater sah nicht mehr so cool drein wie noch vor einer halben Stunde. «Was! Sag bloß du gibst ihr auch schon Kaffee zu trinken!» brauste Stefanies Mutter auf. «Nein nein, meine Liebe. Setzt euch doch zu uns an den Tisch und kostet. Ich habe Stefanie gerade gezeigt, wie Zichorienkaffe schmeckt – er ist lecker und völlig unbedenklich.» «Ziwas Kaffee?», wollte nun auch Stefanies Vater besorgt wissen. «Zichorienkaffee. Er diente früher als Kaffeeersatz – man kann ihn übrigens heute noch im Geschäft kaufen.» «Und woraus wird der gemacht?», kam es unisono. «Ihr kennt doch alle die schönen lila-blauen Blumen, die entlang von Onkel Holgers Hofzufahrt wachsen. Man nennt sie Wegwarten. Na ja, und aus ihren Wurzeln wird Zichorienkaffee hergestellt. Die Wurzeln werden einfach getrocknet und pulverisiert. Fertig ist der koffeinfreie Kinderkaffee. Im Krieg war der nicht wegzudenken. Und wie ihr seht – Stefanie schmeckt er!» «Gut, gut, ihr habt beide gewonnen!» Stefanies Vater riss lachend die Arme hoch, um sich zu ergeben. «Gib mir gleich ein Säckchen mit, Oma Herta. Mir ist alles recht, wenn wir nur nicht mehr geschimpft bekommen!»

«Ich hab eine bessere Idee! Wir gehen am nächsten Sonntag alle vier gemeinsam Wegwartenwurzeln ausgraben und dann machen wir daraus unseren eigenen...» «Tolles Abenteuer!», rief Stefanie. «Okay, war eh schon lange nicht mehr Hahn im Korb!», grinste Stefanies Vater. Und was war mit Stefanies Mutter? «Nur wenn du mir danach richtigen Kaffee spendierst, Omama!»

Mädesüß

Im «Frauendreißiger» (zwischen Maria Himmelfahrt, 15. August, und Maria Namen, 12. September) ist die Ideale Zeit, um die Kräuter für den Winter zu pflücken, zu trocknen und zu verarbeiten, da sie jetzt die volle Kraft der Sonne in sich tragen. Ein Hausmittelchen, auf das ich große Stücke halte, ist der Mädesüß-Wein. Da das Mädesüß, das gerne an Bachläufen und Gräben wächst, Salicylsäure enthält, soll es – wie Aspirin – fiebersenkend wirken und bei Grippe und Erkältungskrankheiten Linderung verschaffen. Ich setze dazu einfach etwas Mädesüß 2 Wochen lang in Rotwein an, gebe Honig und ein, zwei Stamperl Schnaps dazu und gebe Acht, dass sich der Honig gut auflöst. Ist eine Erkältung im Anmarsch, trinke ich vorm Schlafengehen ein Stamperl. Und schon passiert die Heilung – zumindest im Kopf : -)

Wie Mädesüß für die kleine Meta Süß zum Schicksal wurde…

Die kleine Meta Süß lebte mit ihrer Mutter in einer kleinen schäbigen Stadtwohnung in Nürnberg, gleich in der Nähe vom Bahnhof. In früheren Zeiten dürfte diese Gegend einmal zu den wohlhabenden Stadtvierteln gehört haben, jetzt aber waren die Häuser heruntergekommen und trist. Als Meta sechs Jahre alt war, war ihr Vater an der Spanischen Grippe gestorben. Meta hatte es auch erwischt. Sie hatte zum Glück überlebt.

Von da an war nichts mehr, wie es war. Meta blieb kränklich und anfällig. Das Spielen mit anderen Kindern wurde meist bald zu anstrengend, und immer wieder erwischte sie eine Grippe. Mutter musste seit Vaters Tod wieder arbeiten. Sie hatte eine Stelle in der Wäscherei ums Eck gefunden. Auch jetzt im Spätsommer hatte die Grippe wieder zugeschlagen. Diesmal zäher

denn je! Meta wollte sich gar nicht mehr erholen, und die Mutter hatte sogar einen Rollstuhl ausgeliehen, um ihr Erleichterung zu verschaffen. In ihrer Not schrieb sie einen Brief an die Großmutter – Vaters Mutter, die im eine Tagesreise entfernt gelegenen Leuchtenberg wohnte –, worin sie sie bat, zu kommen und ihr zu helfen.

Die Großmutter war ganz entsetzt, als sie Meta, blass wie einen Geist, im Rollstuhl kauern sah. Nein, so etwas konnte die resolute 70-Jährige auf keinen Fall zulassen. «Du brauchst dringend eine Luftveränderung!», beschloss sie und begann mit Meta einen Ausflug nach Leuchtenberg zu planen. Um die Genesung noch schneller voranzutreiben, bereitete sie Klein Meta täglich einen Tee aus Mädesüß – «denn das Met der Germanen hat schon den alten Göttern gut getan!», pflegte die Großmutter schmunzelnd zu sagen. Als das Mädchen endlich etwas Farbe auf die Wangen bekam, packten sie die Koffer – und ab ging's in die Eisenbahn.

Großmutter lebte in einem gemütlichen Bauernhaus am Fuße der Burg, dort, wo die Kühe idyllisch am Burghügel weideten. Schon nach ein paar Tagen besuchten die beiden ein altes Kräuterweiblein, das am Waldrand in einer Hütte lebte. «Sieh dir nur mein liebes Enkelkind an, Katnerin» klagte die Großmutter. «Sie will und will nicht gesund werden!» Die Katnerin nahm Metas Hand und fühlte sogleich die schwindenden Lebensgeister der Kleinen. «Koche ihr weiterhin einen Tee aus Mädesüß. Bei Vollmond gib auch die Wurzel rein!», riet die Alte. «Hier gebe ich dir noch etwas ganz besonderes mit. Ich habe es noch nie verschenkt, aber die Kleine hier hat sich schon genug mitgemacht!» Dabei steckte sie der Großmutter eine steinerne Flasche in den Korb. «Von diesem Met aus Mädesüß gib Meta gleich ein Gläschen zu trinken. Wenn du glaubst, sie ist gesund, gib ihr das zweite. Das dritte ist ein besonderes Geschenk. Die Meta soll es erst dann trinken, wenn sie es wirklich braucht. Wann, wird sie selber spüren.»

So kam es, dass die Meta wieder ganz gesund wurde. Auch die Mutter konnte sich kaum fassen vor Glück. Jahre später, Meta Süß war mittlerweile zu einer lebensfrohen jungen Frau herangewachsen, lernte sie bei einem Nachmittagskonzert im Café Wintergarten, Maximilian, den feschen Sohn eines Wiener Fabrikanten kennen. Es war Liebe auf den ersten Blick. Die beiden trafen sich fast täglich im Café oder auf einen Spaziergang, kletterten zur Burg hinauf oder gingen gemeinsam in den Tiergarten.

«Weißt du, Meta», begann der junge Mann eines Tages zögerlich, «Ich möchte, dass wir heiraten. Gestern habe ich mit meinen Eltern darüber gesprochen. Die aber wollten gar nichts davon wissen....» Kopfschüttelnd stieg wieder das Bild des Vaters in ihm hoch, als er sagte «Geld gehört zu Geld! Warum heiratest du nicht Katharina von Weigelstein. Sie ist ansehnlich und noch dazu eine gute Partie. Ich werde gleich ein Treffen arrangieren.»

Das traf Meta wie ein Schlag ins Gesicht. Hand in Hand saßen sie auf einer Bank in der Nähe des Schönen Brunnen und sinnierten vor sich hin. «Die goldenen Wunsch-Ringe am Brunnengitter! Ich gehe hin und werde einfach mal dran drehen!», kam es Meta in den Sinn. Kaum hatte sie am ersten gedreht, erinnerte sie sich wieder an den steinernen Krug, den sie noch immer zuunterst in ihrem Kleiderschrank hortete.

«Lade mich zu dir nach Hause ein und stelle mich deinen Eltern vor. Ich will nur ein Gläschen mit ihnen trinken», bat Meta. Max war dabei nicht gut, aber er wollte seinem Mädchen keinen Wunsch abschlagen. Weil auch Maximilians Eltern sehr viel Wert auf Etikette und gutes Benehmen legten, ließen sie die beiden im Salon Platz nehmen, um zumindest mit dem Mädchen zu plaudern, das das Herz ihres Sohnes erobert hatte. Meta hatte vorher den Diener gebeten, das bisschen Met, das noch übrig war, auf vier Schnapsgläschen aufzuteilen. «Das ist mein Gastgeschenk», sagte Meta und erhob ihr Glas. «Eine Spezialität meiner Großmutter! Stoßen wir auf ihre Gesundheit an.»

Die alte Katnerin sollte Recht behalten. Kaum waren die Gläser geleert, sahen Max' Eltern keinen Grund mehr, diese Heirat zu verhindern. Ihren Brautstrauß wand Meta aber sich selbst aus dem Mädesüß, das noch heute am Bachlauf neben der alten Kate in Leuchtenberg wächst.

Ackergauchheil

Von rotem Gauch und weißer Miere

Wer kennt sie nicht, diese Tage an denen nichts rund läuft und man die Dinge, die einem in der Arbeit, im Verein oder auch daheim passieren, nur mit einem entsetzten Kopfschütteln quittieren kann. Man versucht dann meist krampfhaft, Fassung zu bewahren, unterdrückt den aufkeimenden Ärger und hofft, dass das Gegenüber nur kurzfristig vom Wahnsinn gepackt worden ist. Mein Geheimrezept für solche Momente sind meine Geschichten und ein Blick ins schlaue Buch, ob nicht auch dagegen ein Kraut gewachsen ist.

Verpackt man seinen Unbill in eine Geschichte, so hat man die Chance, einen neuen Blickwinkel zu bekommen – einen mit Lachfältchen umsäumten, der bestenfalls in einem erleichterten Augenzwinkern mündet. Das Ärgernis in die eigene Fantasie zu versetzten, und es mit überzeichnetem Aussehen und Charakter in eine Welt zu verfrachten, in der man selbst Regie führt, kann unglaublich erleichternd sein. Und ungefähr so ist auch diese Geschichte entstanden. Sie handelt vom Ackergauchheil, einem Kraut, das zwar giftig ist, aber beim Räuchern die Energie nach einem Gewitter (egal ob draußen oder drinnen) klären soll. Schon der Name «Gauch» steht für Narr, was darauf hinweist, dass das Kraut auch schon früher in dieser Richtung Verwendung fand. Aufgebaut ist die Geschichte auf einem alten Märchen. Sie kennen es bestimmt! Also viel Spaß beim Lesen, Raten und... Chillen... ; -)

Bauer Luidpold hatte eine angesehene Hühnerfarm. Sein Federvieh gewann sämtliche Preise in der Umgebung. Seine Eier galten als Delikatessen, und sogar der Hahn krähte etwas musikalischer als die anderen Hähne im Dorf. Die Farm war sein ganzer Stolz. Neider munkelten, er verbrächte mehr Zeit mit den Hühnern als mit seiner einzigen Tochter Mira.

Und irgendwie stimmte das ja auch, denn Miras Mutter war bei ihrer Geburt gestorben. Und so hübsch das Mädel auch anzusehen war, so brav sie schon als 7-Jährige im Haushalt half, der Vater konnte sich nicht dazu überwinden, Mira in sein Herz zu schließen.

Vor einem Jahr aber hatte sich alles geändert. Hühnerfarmer Luidpold hatte wieder geheiratet und die Neue – die vollbusige, selbstbewusste Pamela hatte ebenfalls eine Tochter mit in die Ehe gebracht: Serena – ein Ausbund an Faulheit und Kaltschnäuzigkeit –, die der Vater übrigens mit der selben Gleichgültigkeit behandelte wie seine eigene Tochter.

Mit der neuen Frau, vernachlässigte der Bauer aber die Hühner. Schon bald waren sie abgemagert, die Kämme wirkten blass und grau, und sie legten kaum mehr Eier. Ausbleibende Legeleistung bedeutete für Bauer Luidpold den Ruin. Doch sein neues Busenwunder wollte von mehr Arbeit im Stall kein Wörtchen hören.

Mira suchte nun oft das Weite, denn sie hielt das falsche Geturtel, vermischt mit wildem Gezanke, nicht mehr aus. So entkam sie der neuen Patchwork-Familie immer öfter durch ausgedehnte Spaziergänge in den Wald.

Da sah sie eines Tages mitten auf einer Waldlichtung ein wunderschönes Huhn im Gras herumpicken. «Das kann nur eines von den Hühnern meines Vaters sein!» wunderte sich Mira und stürzte sich sogleich darauf, um es einzufangen. Dabei rutschte sie aus und kullerte einen Abhang hinunter, wo sie regungslos liegenblieb. «Wach auf, Kleine», stupste sie ein Männchen an, das fast aussah wie ein Troll aus dem Bilderbuch. «Das Huhn da drüben ist ein Zauberhuhn. Es legt blau-grüne Eier! Für die bekommst du auf dem Markt ein Vermögen. Wenn du es haben willst, musst du es dir allerdings verdienen. Bleib hier und kümmere dich um die Hühner, dann werden wir schon sehen.» Verzweifelt und mit ihrem Leben unzufrieden, wie Mira war, ging sie auf den Handel ein. Sie fütterte die Hühner mit frisch angekeimtem Weizen und anderen Hühner-Leckerbissen, sammelte die Eier ein, mistete das Hühnerhaus aus und unterhielt sich auch noch gelegentlich mit dem Federvieh, denn Pollo Pollo, so hieß der Troll, war ziemlich wortkarg. Als Mira Pollo Pollo eines Tages gestand, dass sie furchtbares Heimweh plage, nahm sie dieser an seiner behaarten Pranke und ging mit ihr hinüber zu den Zauberhühnern. «Du hast mir gute Dienste geleistet, Mädchen! Schade, dass du schon gehen willst. Aber nimm das Huhn zum Abschied, du hast es dir redlich verdient. Ich will dir aber noch etwas schenken. Wo dieses Huhn weidet, wird ein Teppich aus diesen kleinen grasgrünen Pflanzen mit den weißen Sternenblüten wachsen. Man nennt sie Vogelmiere. Sie wird dafür sorgen, dass die Kämme eurer Hühner wieder rot und prächtig werden und das Federvieh wieder so gesund aussieht wie eh und je.»

Als Mira heimkam und alles erzählte, schloss sie der Vater in die Arme und drückte sie. «Du hast unsere Farm gerettet, Mira. Von nun an will ich dich besser behandeln und dir ein liebender Vater sein!» Als die Stiefmutter merkte, wie sich das Klima im Haus plötzlich um 180 Grad drehte, nahm sie ihre Tochter Serena bei der Hand und schickte sie ebenfalls zum alten Troll. «Sieh zu, dass du den passenden Zauberhahn bekommst! Wenn wir das Paar um ein Vermögen verkaufen und uns dann aus dem Staub machen, sind wir gemachte Leute!»

Gesagt, getan. Es passierte alles genau so wie zuvor bei Mira. Serena sah das Huhn, stürzte und landete vor Pollo Pollos Hütte. Allerdings war Serena nicht so fleißig wie ihre Stiefschwester. Nachdem sie endlich aufgestanden war, stibitzte sie die schönsten Eier, um sie selber zu verschlingen. Den Hühnerstall schaute sie nur von außen an und außerdem beschwerte sie sich ständig, dass in diesem Loch alles so dreckig wäre.

Nach einer Woche riss sie den alten Troll unsanft aus seinem Schaukelstuhl hoch. «He du, es ist Zeit für meinen Lohn. Ich mach mich nämlich jetzt auf die Socken. Aber ich will einen Hahn, und zwar den schönsten, den du hast, das ist doch klar!»

Wortlos ging Pollo Pollo zum Gatter, fing einen Hahn und drückte Serena Hahn und Pflänzchen in die Hand – alles war genau wie bei Mira.

Als sie jedoch zu Hause ankam, setzte sich der Hahn schnurstracks auf ihren Kopf und hinterließ einen ekelig stinkenden, gelben Klecks auf Serenas Nase.

«Iiiiiii, Mutter, Mutter, mach das ab, mach das ab!» Wie sehr sich Pamela auch bemühte, der stinkende gelbe Klecks blieb.

Wütend packten Mutter und Tochter einen Teil von Luidpolds Hühnerbestand in den Pickup und brausten davon. Erst Wochen später sollte Hühnerfarmer Luidpold wieder von seiner hoffentlich bald Geschiedenen hören – und zwar aus der Zeitung, wo in dicken schwarzen Lettern geschrieben stand:

Kräuterwissen wieder gefragt! Ex-Model und Busenwunder Pamela L. aus Hahnbach rottet Hühnerbestand mit falscher Miere aus.

Denn bei dem Pflänzchen, das Pollo Pollo Serena geschenkt hatte, handelte es sich nicht wie bei Mira um Vogelmiere, die bei Hühnern wahre Wunder vollbringt. Serena hatte Ackergauchheil – der zwar der Vogelmiere ähnelt, jedoch rote Blüten besitzt – geschenkt bekommen. Seine Blätter wirken bei Hühnern so giftig, dass sie lebensbedrohliche Verdauungsstörungen hervorrufen können.

Was Mira betraf, so juckte diese der ganze Rummel kein bisschen. Sie hatte sich mit ihrem Wunderhühnerpaar in ein süßes kleines Landhaus mit Swimming Pool abgesetzt, wo sie eine äußerst lukrative Hühnerzucht betreibt und auf ihren Traumprinzen wartet.

Hexenkraut

Das Hexenkraut ist eine alte Zauber- und Wunschpflanze, die – so sagt man – dabei helfen kann, durch Zauberkraft die Zuneigung des Wunschpartners zu gewinnen... Allerdings gibt es auch hier einen Haken ;-)

Viel Spaß mit dieser frei erfundenen Geschichte, die hoffentlich etwas zum Schmunzeln anregt und etwas Leichtigkeit in unsere gestresste Zeit bringen soll...

Vom Modewort «Stalking» und anderen sonderbaren Begebenheiten

Die Lindner Cäcilia war ein Klasseweib. Ihre Maße waren perfekt. Der Teint so ebenmäßig und hell, wie selbst Schneewittchen keinen schöneren haben konnte, volle kirschrote Lippen und eine üppige dunkle Mähne, die sie beim Lachen so gern zurückwarf. Kein Wunder, dass die Manderleut im ganzen Kirchspiel hinter ihr her waren. Ach ja, eins hätte ich fast vergessen, Geld hatte sie auch noch. Schließlich besaß ihr Vater den schönsten und größten Hof im Tal.

Für die Cilli aber war das gar nicht einfach. Sie hatte zwar einen ganzen «Schwanz» voller Verehrer. Aber in ihrem Umkreis schien keiner recht zu passen. Der eine war ihr zu wenig witzig, dem anderen fehlte der Weitblick. Ein dritter achtete zu wenig auf sein Äußeres, einer putzte sich offensichtlich die Zähne nicht, einer war ihr zu wenig gescheit, und überhaupt waren die Burschen hier nicht weltmännisch genug. Einmal hatte sie der Vater mit ins nächste Tal genommen. Dorthin kamen schon Sommerfrischler aus dem Ausland. So einen müsste man kennen lernen, einen nobligen, der etwas von der Welt zu erzählen weiß.

Als sie so dahinspazierte und den Weg Dorf auswärts in Richtung Wald einschlug, fiel ihr vor der alten Hütte der weisen Kräuter-Vev ein hübsches Blümchen mit zauberhaften kleinen weißen Blüten auf. Verzückt wollte sie es abbrocken, als die Kräuter-Vev aus dem Stubenfenster schaute und rief: «Pass auf Dirndl! So harmlos und lieb wie es aussieht, ist das Bleamal net. Man nennt es Hexenkraut und ist eine alte Wunschpflanze. Wer sie bei Vollmond pflückt und dabei ganz fest an seinen innigsten Wunsch denkt, dem wird sie ihn erfüllen. Aber Achtung! Man muss genau aufpassen, was man sich wünscht. Am besten ist es, wenn man die Wünsche nie zu genau ausformuliert, denn so ein Wunsch kann auch gewaltig in die Hose gehen! So mancher hat sich da schon gewünscht, er hätte das zarte Gewächs nie in die Finger bekommen. Aber was red' ich da, komm rein auf ein Häferl Kaffee und ein Tratscherl.» Das nahm die Cilli gerne an. Immerhin musste sie noch auskundschaften, wann die nächste Vollmondnacht war.

Als bald der volle Mond bleich und enterisch auf die Erde herab lächelte und Wiesen und Wälder in silbernes Licht tunkte, schlich die Cilli auf Zehenspitzen aus dem Haus und machte sich auf, das Hexenbleamal zu pflücken. Mittlerweile hatte sie auch einen triftigen Grund dazu. Es war vor zwei Wochen gewesen, als es den ersten Sommerfrischler auch in ihr Dorf verschlagen hatte. Ein Engländer mit Namen Edward Stalke – aussprechen tat man das «Stokiii» – wars. Fesch war der, überall wo er hinkam, drehten sich die Mädchen nach ihm um. Er sprach mehrere Sprachen, war weit herumgekommen und Geld hatte er angeblich auch. Es wurde gemunkelt, dass er sogar ein junger Professor sei. Ja, so einer wäre gerade recht für eine Cäcilia Lindner. Allerdings konnte die machen was sie wollte. Egal wie oft sie ihm zulächelte, wie sehr sie sich aufputzte, wie zierlich sie sich benahm. Er war immer gleich höflich zu ihr, machte jedoch keinerlei Anstalten in die so heiß ersehnte Richtung.

Jetzt aber würde sich alles ändern. Das Blümerl hielt sie in den Händen während sie zum Hof hinunter stieg. Der Wunsch war ausgesprochen. Und wie sagten die Engländer immer: «Abwarten und Tee trinken».

Und wirklich schon am nächsten Tag zeigte ihr Tun seine Wirkung. Der feine Mr. Stalke sah die Cilli ganz verzückt an. Und schon nach zwei weiteren Wochen, hatte er um ihre Hand angehalten. Das junge Paar wollte nach Wien ziehen, denn dort hatte Edward einen Lehrstuhl für Biologie an der Kaiserlichen Universität angeboten bekommen.

Je länger die beiden jedoch zusammen waren, desto mehr lernte sie von ihm kennen. In der Früh hatte er oft Mundgeruch, weil er sich die Zähne immer erst nach dem Frühstück putzte. Nach dem Mittagessen hatte sie letzthin mitbekommen, wie er heimlich gefurzt hatte, und bedienen ließ er sich auch zu gerne. Außerdem störte sie der leichte Ansatz eines Bierbauchs, der sich schon nach einem Monat Hausmannskost von Cillis Mutter bemerkbar machte. Nein, das ging wirklich zu weit. Er war eine tolle Partie, das stimmt schon. Aber so einen konnte sie nun wirklich nicht heiraten. Er war ihr schlichtweg peinlich, und so gab sie ihm den funkelnden Verlobungsring zurück und löste das Eheversprechen.

Die geheime Wunschzeremonie und das Hexenkraut, das gepresst in ihrem Gebetbuch lag, hatte sie ganz vergessen. Nun aber sollte ihr ihre Tat wieder schmerzhaft in Erinnerung gerufen werden. Edward Stalke dachte nämlich gar nicht daran, die Verlobung zu lösen. Ständig war er ihr auf den Fersen, passte sie ab, brachte ihr Blumen und versuchte auch noch, bei ihr zu Fensterln. Du lieber Himmel, was sollte sie nur tun?

Da fiel ihr auf, dass die brave, gottesfürchtige Brandner Maria immer ganz verträumte Augen bekam, wann immer sie den jungen Herrn Professor aus England erblickte. Ihr ziemte gar, die Maria versuchte den Edward zu trösten. «Ha, der werde ich auch die Geschichte vom Hexenkraut erzählen. Wenn das einfältige Ding drauf reinfällt, bin ich aus dem Schneider!» Aber so einfältig wie sie wirkte, war die junge Brandnerin bei weitem nicht. «Komm mir nicht mit deinem Hexenzeug!», entgegnete die bestimmt. «Der Herr Stalke gefällt mir, das gebe ich zu. Aber ich werde ihm mit Gottes Hilfe die Augen öffnen. Dein Kraut kannst du behalten!»

Und siehe da, noch ehe das Jahr um war, schlossen die Brandner Maria und Edward Stalke den Bund fürs Leben, denn der Maria waren Edwards Eigenschaften kein Gräuel, sie mochte ihn genau so wie er war. Auch wenn das für sie bedeutete, ihrem geliebten Dorf «Ade» zu sagen und das Leben zwischen Wien und England zu verbringen.

Die Linder Cäcilia aber hatte ebenfalls daraus gelernt. Sie sah ab jetzt genauer hin, wenn es um die Wahl des richtigen Hochzeiters ging. Und mit der Zeit gefielen ihr auch die Burschen im Tal ausgesprochen gut. Das mit dem weltmännisch sein, dachte sie, würde sie schon hinbekommen. Geld zum Reisen hatte sie schließlich auch selber genug, und wenn sie einer wirklich liebte, würde er schon mitkommen.

Die Geschichte sorgte noch lange für Gesprächsstoff. Bis heute hat sich allerdings nur ein einziges Wort daraus erhalten: Stalking – soll sich in seiner Urform von den «Hexenkraut-gesteuerten» Taten des Edward Stalke ableiten.

Eisenkraut

Überall im Land sind im Sommer Matura- und Abschlussprüfungen in vollem Gange. Dabei wird gelernt, was das Zeug hält. Die Nerven liegen – nicht nur bei den Prüflingen – blank. Die richtigen Worte finden, Blackout vermeiden und Gelerntes auf Abruf parat haben, lautet die Devise. Als ich kürzlich mit meinem Patenkind 2 Stunden vor der alles entscheidenden Mündlichen telefonierte, und sie weinerlich in Panik auszubrechen drohte, begann ich krampfhaft zu überlegen, ob nicht auch für Prüfungen ein Kraut gewachsen ist. Gott sei Dank fiel mir das Eisenkraut ein.

Vom Wirkungsbereich her soll es antibakterielle, schleimlösende und entzündungshemmende Eigenschaften besitzen. Unsere Vorfahren hatten es außerdem bei Ritualen und für Liebeszauber in Gebrauch. Als Diplomatenpflanze soll Eisenkraut Sympathie erzeugen. Wer Eisenkraut bei Prüfungen bei sich trägt, soll einem Volksglauben nach auch mit wenig Wissen gute Resultate erzielen. Da ich in der Eile der Pflanze selbst nicht mehr habhaft wurde, habe ich meinem Patenkind ein Foto davon mitgegeben, das sie als Talisman im Ausschnitt ihres «Kleinen Schwarzen» verwahrte. Als mich ihr Vater später fragte, ob ich an so einen Hokuspokus tatsächlich glaube, antwortete ich nur: «Ob's hilft oder nicht kann ich nicht sagen, was ich aber mit Sicherheit weiß ist, dass viel im Kopf beginnt..."

Wie das Eisenkaut zum Diplomatenkraut wurde...

Es war einmal, was einmal war, und wär' es nicht gewesen, würde es auch nicht erzählt:

Der Hansl war traurig. Alle hielten ihn für einen Tölpel, und wo er hinkam, wurde er ausgelacht. Dabei war er nicht dumm und auch ganz lieb anzusehen, mit seinem welligen braunen Haar, das er eine Spur länger trug als die anderen Dorfburschen. Nein, sie verspotteten ihn, weil er einfach

anders war als sie. Dabei war er von Geburt an dazu bestimmt, ein Glückskind zu sein, so wie es alle siebten von sieben Kindern sind. Seine liebe Mutter hatte ihm gesagt, dass er darum auch auf den Namen Johann getauft worden war, weil alle Glückspilze Johann hießen. Darauf war er sehr stolz gewesen, aber auch dieser letzte Strohhalm war zerronnen. Gestern hatten ihm die schlimmen Kinder eröffnet, dass nicht nur Glückskinder Johann hießen, sondern auch alle Tölpel. Er ist daraufhin gleich zum Herrn Pfarrer gerannt, um ihn zu fragen, ob das auch stimmte. Aber auch der hohe Herr konnte ihm nur beklommen antworten, dass die Kinder die Wahrheit gesagt hatten. So saß er nun, wie so oft, auf der Bank beim oberen Marterl und klagte sein Leid dem Eisenkraut – Eisenbleamal –, wie er es liebevoll nannte. Denn der Hansl hegte eine innige Liebe zu allen Pflanzen und Tieren, dabei hatte er das Eisenbleamal als seine beste Freundin besonders ins Herz geschlossen. Kennengelernt hatte er es durch den Vater, der droben in der Eisenhütten arbeitete. Er hatte ihm einmal erzählt, dass das zarte, unscheinbare Pflänzchen eine wichtige Zutat bei der Eisenherstellung und es diesem Kraut zu verdanken sei, dass das Eisen hier im Dorf noch härter und widerstandsfähiger war als die anderen Eisen rundherum. Die Zauberkräfte der kleinen Pflanze faszinierten den Hansl. Von dem Tag an kam er zu ihm, wann immer ihn etwas drückte. Ihm schüttete er sein Herz aus und es hörte ein jedes Mal geduldig zu, während es ihn aus sanften Blütenaugen verständnisvoll ansah.

«Ach Eisenbleamal, wär ich doch gescheit und angesehen. Überall lachen sie mich aus und keiner kennt mich wirklich. Meine sechs Geschwister sind beliebt und haben viele Freunde. Nur mich nehmen sie nirgends ernst. Schön langsam verdrießt's mich!»

Eines Morgens, es musste wohl am Tag der Sommersonnenwende gewesen sein, preschten die Reiter des Königs durchs Dorf. Die Leute munkelten, er wollte dem Landesfürsten die Rechte für die Eisengewinnung mitsamt dem Geheimrezept zur Eisenhärtung gewaltvoll wegnehmen. Alles war im Aufruhr, denn die Armee des Königs belagerte die Burg des Landesfürsten und man fürchtete einen Bürgerkrieg. Besorgt stieg der Hansl wieder zum

Eisenbleamal hinauf und erzählte ihm von seinen Befürchtungen. Doch als er das Pflänzchen liebevoll umfassen wollte, stand plötzlich, wie aus dem Nichts, ein wunderhübsches, zartes Mädchen vor ihm, das ein blassviolettes Blütenkleid trug. «Heute ist der Tag der Sommersonnenwende, wo alle Wünsche wahr werden! Denn heute sind alle Kanäle des Himmels und der Erde offen und auch die Naturwesen sind freundlich gesinnt. Wenn du was brauchst, so rufe die Wesen des Südens und des Nordens, des Ostens und des Westens. Rufe die vier Elemente, Feuer, Erde, Luft und Wasser an, die Sylphiden, Nymphen und Naturgeister. Danach vergiss aber nicht, dem Schöpfer für alles zu danken. Ach ja, und gib acht, was du dir wünschst, denn unachtsam ausgesprochene Wünsche könnten eine unvorhergesehene Wendung nehmen!» «Oh, Eisenbleamal», sprach der Hansl ganz verzaubert.

«Ich danke dir tausendmal für deine Hilfe. So oft habe ich mir gewünscht, du könntest wahrhaft zu mir sprechen. Und sauber bist', Eisenbleamal! Sauberer als alle Madln, die ich bisher gesehen hab'!» Da trat ein blassroter Schimmer auf die zarten Wangen des elfenhaften Geschöpfs. «Die Zeit drängt, Hansl!», erinnerte ihn das das Mädchen. «Geh zum Schloss und tu, wie ich dir geheißen, so wirst du eine Lösung finden!» Zum Abschied fielen sie sich um den Hals und drückten einander. «Ach, wär sie doch ein richtiges Mädel aus Fleisch und Blut. Ich würd sie nicht mehr gehen lassen!», dachte der Hansl traurig. «Ach, wär ich doch ein richtiges Menschenkind!», ging es auch dem Eisenkraut durch den Kopf. «Ich würd' ein Leben lang bei ihm bleiben!»

Während die Sonne an diesem Mittsommermorgen höher stieg, stieg auch der Hansl den steilen Weg zur Burg des Landesfürsten hoch. Er hatte bereits alle Naturgeister angerufen, nun bat er den Herrgott inbrünstig um Hilfe. «Hoffentlich komm' ich da wieder lebendig herunter», bangte er. Recht weit kam er allerdings nicht, der Hansl, dann bald schon wurde er von den Wachen des Königs aufgegriffen. «Was willst du, Tölpel?», schrien sie ihn an. «Bringt mich zum König. Ich weiß, wie man die Situation ohne Blutvergießen lösen kann». «Zum König?», lachten ihn die Wachen aus. Da schritt plötzlich der Hohe Herr selbst vorbei. «Was will der Bursche?», fragte er. «Majestät, bitte hört mich an. Ich glaube ich habe die Lösung für eine friedliche Einigung, die beiden Parteien zum Wohle gereicht». Neugierig ließ er den Hansl sprechen. Dieser erzählte ihm von der Wunderpflanze Eisenkraut, die allein für die außergewöhnliche Härte des Stahls verantwortlich war. Der einfache Bursche fand plötzlich die richtigen Worte, um dem Herrscher zu erklären, dass das Pflänzchen jedoch nur hier diese besonderen Kräfte entwickeln konnte und schlug dem König vor, die Eisenerzeugung im Dorf zu lassen. Wenn sich der König und der Landesfürst zusammentun würden und die Aufgaben teilten, so hätten beide etwas davon. «Der Landesfürst könnte hier weiterhin das Eisen herstellen lassen. Würden die Arbeitsschritte geteilt und das fertige Eisen dann zu euch geliefert, könntet ihr euch auf die Herstellung von Waffen und Gerätschaften spezialisieren, die dann wiederum der Landesfürst von euch erhält. Setzt ihr den Landesfürsten zusätzlich noch als ersten Minister ein, so wäre er auch persönlich an euch gebunden und die Zusammenarbeit müsste funktionieren.»

«Das sind höchst fortschrittliche Gedanken für so einen einfachen Burschen!» antwortete der König nachdenklich. «Aber deine Idee gefällt mir und ich will es versuchen! Wachen, bringt eine Nachricht zum Landesfürsten, und sagt ihm ich will unverzüglich mit ihm sprechen – aber in friedlicher Absicht!»

Als sich der Hansl wieder ins Dorf hinunter aufmachte, suchte er noch kurz das Eisenkraut auf, um ihm von seinem Erfolg zu berichten. Als er jedoch auf das Bänklein blickte, saß da vor ihm wieder das wunderschöne Mädchen. «Hansl, Hansl, unsere Bitten wurden erhört! Ab jetzt bin ich ein Mädchen aus Fleisch und Blut und wir können für immer zusammen sein!» Da nahm sie der Hansl in seine Arme und machte sie alsbald zu seiner Frau. Auch um die Zukunft mussten sich die beiden keine Sorgen mehr machen, denn der Hansl wurde vom König persönlich als Diplomat in dessen Dienste aufgenommen. Seit dieser Zeit trägt das Eisenkraut den Beinamen «Diplomatenkraut» und es wird gemunkelt, dass es heute noch rund ums Parlament zu finden sein soll...

Schöllkraut

Diese Geschichte handelt von der heissen Zeit im Jahr, dem Höhepunkt des Sommers. Überall im Land werden duftende Kräuterbuschen gebunden, da das kirchliche Hochfest Maria Himmelfahrt häufig gemeinsam mit einer Kräuterweihe einhergeht. Der Überlieferung nach soll so manches Kräutlein aus dem Buschen später, im Winter dann, zur Behandlung von Krankheiten hergenommen worden sein. Die Zeit um den 15. August ist aber auch jene, in der die jungen Schwalben flügge werden und hurtig bei Toren und Stallfenstern ein und aus flitzen. Schließlich ist es nicht mehr allzu lange hin bis zum Abflug ins südliche Winterquartier. Da gilt es noch fleißig zu üben und Kräfte zu sammeln. Von den Sorgen einer Schwalbenmutter und einem kleinen Wunder handelt die folgende Geschichte.

Wie das Schöllkraut zum Schwalbenkraut wurde…

Der Sommer hatte wohl auch in diesem Jahr seinen Höhepunkt erreicht. Die Sonne strahlte gleißend heiß vom Himmel und hatte beinahe schon den Gipfel des Firmaments überschritten. Heute war der 15. August, der Tag, an dem die Christenmenschen das Fest Maria Himmelfahrt begingen.

«Ein schönes Fest ist es schon», dachte die Schwalbenmutter, als sie in ihrem Nest saß und vor sich hin sinnierte. Im Winterquartier in Afrika hatte ihr eine Bekannte einmal erzählt, dass die Leute in Spanien an diesem Hochfest sogar über eine Stunde lang Feuerwerkskörper in die Luft schossen. Bei uns binden die Menschen duftende kleine Kräuterbüschel, die sie in Haus und Stall aufhängen, um das ganze Jahr über den würzigen Duft der Sommerwiese bei sich zu tragen.

«Ach, der Sommer», seufzte die Schwalbe wieder. Nicht mehr lange, und die anderen Schwalben würden sich zum Abflug sammeln. Aber was sollte sie bloß tun? Drei ihrer Jungen waren kräftig und gesund, und hatten schon längst das Nest verlassen. Nur das vierte wollte einfach nicht flügge werden. Die Augen waren verklebt und fleckig, und darum hatte es vorm Fliegen Angst. Den Winter hier zu verbringen, würde jedoch den sicheren Tod für die Schwalbenfamilie bedeuten. Da war guter Rat teuer.

Schnell schob Mutter Schwalbe die trüben Gedanken beiseite. Schließlich musste sie ihr Jüngstes auch noch füttern, und so machte sie sich auf den Weg. Als sie einen Wurm aufpicken wollte, der auf einem Blatt saß, das aus einer Mauerritze hinterm Stadel wuchs, riss sie versehentlich das Blatt mit ab. Kurzerhand nahm sie es mitsamt dem Wurm mit ins Nest.

«Iiiii, schmeckt das grauslich!», prustete die Schwalbenmutter und spuckte das Blatt in hohem Bogen aus. Dabei erwischte sie ihr Sorgenkind, sodass ihm etwas von dem bitteren orange-gelben Saft an den Augenwinkeln haften blieb. «Auch das noch! Ich Unglücksrabe! Jetzt hab ich es ganz blind gemacht!», zeterte sie unglücklich.

Als die Schwalbe am nächsten Morgen früh erwachte, fuhr ihr erneut die Angst in die Knochen. Das Nest war leer. Ihr Junges war verschwunden. Als sie schon anzunehmen begann, ihr Schwälblein sei aus dem Nest gefallen und eine Katze habe es gefressen, hörte sie über sich eine piepsige Stimme jubeln: «Mutter, Mutter, schau nur! Ich kann sehen – und fliegen kann ich auch.» Ein schöneres Geschenk hätte ihr niemand machen können. Glückselig dankte der Vogel der Mutter Gottes und machte sich alsbald mit ihren Kindern auf in den Süden.

Als die Schwalben im nächsten Frühjahr wiederkehrten, um emsig ihre Nester auszubessern und zu bauen, bemerkte die Schwalbenmutter, dass irgendetwas anders war. Irgendwas stimmte nicht – aber was? Bei genauerem Hinsehen fiel ihr die Unordnung auf, die rund um das bescheidene Hirtenhaus vom Schäfertonl herrschte. Was war nur los? War er vielleicht gar ausgezogen? Da sah sie ihn auch schon langsam und suchend aus dem Haus kommen. Den Hirtenstab setzte er fast wie einen Blindenstock ein. «Ach so ein Unglück, so ein Unglück», zeterte er laut mit sich selber. «Mein liebes Lukrezerl ist hochschwanger und ich kann ihr nicht einmal mehr bei

der Arbeit helfen, weil ich mein Augenlicht verliere. Der Doktor sagt, es sei der graue Star, und dass man da nichts machen könne. Wie soll denn ein blinder Hirte eine Familie ernähren?

Ich weiß mir keinen Rat mehr. Das Essen wird auch nicht mehr lang reichen. Was soll ich nur tun?»

Die Schwalbe unterm Dachvorsprung wurde ganz still. Zu gut kannte sie diese verzweifelten Worte. Wenn sie nicht zufällig das Wunderkraut gefunden hätte, weiß Gott!

Da kam ihr eines Morgens eine Idee. «Das Kraut – was uns Schwalben hilft, könnte doch auch den Menschen gut tun. Und hilft's nicht, so wird's auch nicht schaden.» Zeitig am nächsten Morgen – es war wieder einmal der Festtag Maria Himmelfahrt – schwärmte Mutter Schwalbe aus, um das Augenkraut zu suchen. Und wirklich, ein kleines Büschel davon wuchs auch dieses Jahr aus der Mauerritze beim Stadel heraus. Sogleich zupfte das beherzte Tier ein großes Zweiglein ab und stieg wieder in die Luft. Aber als sie den Hirtentonl verschlafen über die Türschwelle blinzeln sah, verließ sie der Mut. «Nein, ich kann das nicht! So nah war ich noch nie bei einem Menschen – und wer weiß, in Italien schneiden die unsereinem gar die Zunge heraus. Himmelmutter hilf! Das übersteigt die Kompetenz einer kleinen Schwalbe!»

Kaum hatte sie diese Worte gesprochen, wurde sie wie von Zauberhand in die Höhe gehoben, direkt über den Kopf des Hirtentonl. In dem Moment löste sich ein Tautropfen vom Blatt und tropfte, vermengt mit etwas von dem orange-gelben Wundersaft, direkt in die Augenwinkel vom armen Tonl.

Den setzte es vor lauter Schrecken, gleich mit einem lauten Rums auf den geflickten, ledernen Hosenboden. «Lukrezerl, Lukrezerl, hilf!», schrie er verstört auf. «Ich glaube jemand hat mir Gift in die Augen geschüttet! Jetzt ist es aus mit uns! Jetzt seh' ich gar nichts mehr!» Als aber das liebe Lukrezerl erschrocken aus der Hütte stürzte, um ihrem Tonl beizustehen merkte sie, dass die ersten Wehen einsetzten und das Kind akkurat jetzt zur Welt kommen wollte. Durch das Geschrei der beiden und das Gekreische und wilde Kreisen der Schwalben, war – Gott sei Dank – auch der Gemeindearzt aufmerksam geworden, der gerade auf dem Weg zur Kräuterweihe war. Er eilte herbei, um den beiden zu helfen.

Und so nahm unsere Geschichte noch einmal eine gute Wende: Der Himmelmutter sei Dank – konnte der Hirtentonl nach ein paar Tagen seinem strammen Stammhalter fast ohne Probleme in die kleinen dunklen Augen schauen.

Wie das alles zugegangen war, können bis zum heutigen Tag weder der Hirtentonl noch sein Lukrezerl sagen. Nur dass die Schwalben mit im Spiel waren und er ein ganz besonderes Kraut auf seiner Türschwelle gefunden hatte, gibt ihm bis heute zu denken.

Als Dankeschön hat er dem Augenkraut mit der orangegelben Flüssigkeit jedenfalls den Namen «Schwalbenkraut» gegeben. Und dagegen konnte nicht einmal der Herr Doktor etwas einwenden.

Königskerze

Vom himmlischen Zepter der Gottesmutter...

Heuer beschäftigt mich eine Pflanze ganz besonders – die Königskerze. Ihre Blüten sind als Mittel gegen hartnäckigen Dauerhusten bekannt. Pfarrer Kneipp empfahl sie als herzstärkendes Kraut. In Öl getunkt wurde sie früher als Fackel verwendet. Die große Königskerze trägt auch den Beinamen «Zepter der Muttergottes».

Die Situationen, in denen Sie heuer in meinem Leben auftauchte, schienen diesem Namen gerecht zu werden: Als meine Taufpaten zu Sommerbeginn ihre goldene Hochzeit feierten, zeigte sich genau an der Rückwand der kleinen gotischen Kirche, in der die Messe stattfand, eine große Königskerze in voller Pracht. Es hatte fast den Anschein, als würde sie die Gäste begrüßen wollen. Sozusagen ein Hochzeitslader aus dem Pflanzenreich von Mutter Natur persönlich geschickt. Sofort griff ich zur Kamera, denn ich hatte ja schon meine nächste Geschichte im Kopf.

Zwei Wochen später bekam diese Pflanze für mich eine völlig neue Bedeutung. Mein Patenonkel erlitt einen schweren Schlaganfall. Mittlerweile ist er auf dem Weg der Besserung und es ist anzunehmen, dass er wieder beinah «der Alte» werden wird. Diese Königskerze aber wurde für mich zum Symbol dafür, dass es auch in den schwierigsten Situationen irgendwo da oben eine Hand geben muss, die uns durch das Schlimmste hindurchsteuert, uns Beistand leistet. Von diesem Zepter der Mutter Gottes handelt auch die folgende Geschichte:

Nachdem der Herr in den Himmel aufgefahren war, lebte die Jungfrau Maria noch lange inmitten der Apostel und ihrer Nachfolger. Sie freute sich, als sie die Verbreitung der Kirche Christi in der ganzen Welt sah, ihr Herz frohlockte darüber, dass der Ruhm ihres Sohnes bis an die Grenzen der entlegensten Länder drang.

Eines Tages aber war der Zeitpunkt gekommen, um zu Gott zu gehen. Endlich würde sie wieder mit ihrem Sohn, Jesus Christus, vereint sein. Viel zu lange war sie schon von dem brennenden Wunsch erfüllt, wieder das Antlitz ihres Sohnes zu schauen.

Begleitet von den Chören der Engel, den himmlischen Fanfahren und Blumen streuenden Cherubim, bestieg sie als Gottesmutter den Himmelsthron. Als Zepter wurde ihr die Königskerze übergeben. Doch irgendwie war die Jungfrau Maria an diesem Tag nicht richtig bei der Sache. In ihrem inneren Ohr hörte sie ständig ein quälendes metallisches Husten und eine Stimme, die ihr vertraut vorkam. Da fiel ihr plötzlich die Nacht damals im Stall zu Bethlehem wieder ein, als sie ihrem Jesuskindlein das Leben schenkte. Damals war auch ein kleines Mädchen namens Madelon gekommen, um der Heiligen Familie zu huldigen. Sie hatte ihnen die Christrose zum Geschenk gemacht.

Der Jungfrau Maria fiel es wie Schuppen von den Augen. Der quälende Husten kam von Madelon. Kurzerhand bat die Gottesmutter den verdutzten Schöpfer samt seiner himmlischen Heerscharen, die Zeremonie noch etwas zu verschieben. Sie wollte sich aufmachen, um ihrer Freundin zu helfen. «Warte, Mutter!», besänftigte sie der Herr. «Hier oben im Himmel funktioniert das jetzt etwas anders. Besteige in Ruhe den Himmelsthron, denn hier hast du die Möglichkeit, ihr mit deinen bloßen Gedanken zu helfen». Also beschlossen sie, die Königskerze – das himmlische Zepter der Gottesmutter – auch vor Madelons Hütte wachsen zu lassen und die Husten lindernden Eigenschaften der Pflanze durch ein himmlisches Wunder um ein Vielfaches zu verstärken.

Unten auf der Erde herrschte ein sonniger Tag, und Madelon beschloss, den steifen Rücken an die warme Bretterwand ihrer Hütte zu pressen und ihren kalten, mageren Körper in der Sonne zu wärmen. «Wer weiß, wie oft ich es überhaupt noch vor die Türe schaffe», dachte die Kranke. «Wenn sich nicht bald ein Mittel gegen meinen quälenden Husten findet, werde ich es wohl nicht mehr lange machen!»

Da bemerkte sie plötzlich eine hohe Pflanze neben der Hausbank. Sie musste wohl an die zwei Meter hoch gewesen sein, sah aus wie eine

Fackel und besaß unzählige sonnengelbe Blüten. «Eigenartig! Die ist vorher noch nicht dagewesen – hoffentlich fange ich jetzt nicht auch noch zu fantasieren an!» Weil ihr aber die wunderschönen Blüten so gut gefielen, zupfte sie einige ab und legte sie auf den Herdkranz, um sich auch noch im Inneren ihrer dunklen Hütte an ihnen zu erfreuen. In der Nacht hatte sie einen seltsamen Traum. Sie sah sich wieder als junges Mädchen, als sie Gottesmutter und Jesukindlein im Stall zu Bethlehem die Schneerose überreichte. Doch dann änderte sich das Bild. Wie aus der Vogelperspektive sah sie sich auf ihrem Krankenlager liegen. Neben ihr kniete die Gottesmutter selbst und bereitete ihr Tee aus den gelben Blüten zu. «Pflücke jeden Tag eine Hand voll Blüten, Madelon, trockne sie und bereite Tee daraus. Wenn du täglich drei Tassen davon trinkst, wirst du bald wieder gesund sein! Behalte dein Heilwissen aber nicht für dich, sondern geh hinaus und heile auch andere mit den wunderbaren Blüten der Großen Königskerze». So sprach die Gottesmutter in Madelons Traum, und Madelon, die den göttlichen Rat befolgte, wurde bald wieder völlig gesund.

Die Himmelskönigin hatte Madelon durch ihre Hilfe nicht nur das Leben gerettet, sie hatte ihr auch eine neue Perspektive für die Zukunft geschenkt. Als Madelon, die Heilerin, durfte sie noch viele Jahre das Wissen um die göttliche Heilkraft der Königskerze an die Menschen weitergeben.

Quendel

Der Quendel oder wilde Thymian hat mir in den ersten Lebensjahren meines kleinen Sohnes gute Dienste erwiesen. Nach der Herzoperation in seiner ersten Lebenswoche hatte er scheinbar große Angst vorm Einschlafen. Eines der vielen Mittel, die ich ausprobierte, war ein kleines Quendelkissen, das ich ihm selbst genäht habe und ihm beim Einschlafen auf die Brust legte. Später litt er an starkem Dauerhusten, der kaum zu kurieren war und ihn in den ersten Kindergartenjahren plagte. Auch ihm rückte ich mit Quendel (diesmal in Teeform) zu Leibe.

Im Volksglauben wurde Quendel benutzt, um Teufel, Blitze und böse Geister abzuwehren. In der Küche erleichtert er bei schweren Fleischgerichten die Verdauung.

Die saubere, die tüchtige und die kratzbürstige Kaltenhoferin

Der fesche Pirkmeier Franz war ein junger Witwer, der vor kurzem beschlossen hatte, das mit der Ehe noch einmal zu versuchen. Da die große Liebe beim ersten Versuch ein trauriges Ende genommen hatte, wollte er diesmal dem Schicksal die Zügel in die Hand geben. So setzte er sich in sein frisch lackiertes Steirerwagerl und trieb die prachtvollen Rösser an in Richtung Kaltenhof, denn der Kaltenhofer hatte drei Töchter, und eine davon würde ihm das Schicksal schon zuspielen. «Ja Pirkmeier, komm nur rein. D'Menscha san eh im Hof, da kannst da gleich eine aussuchen. Nur die Mittlere sollt es halt nicht sein, denn meine fleißige Fritzi ist schon dem Kirchenwirt versprochen», antwortete der Kaltenhofer, nachdem Franz sein Ansinnen vorgebracht hatte.

Die drei Kaltenhofer-Menscha waren verschiedener, als es sich für Geschwister geziemte, und hätten sie nicht alle typische Familieneigenschaften mitbekommen, man könnte meinen, es hätte ein anderer die Hand im

Spiel gehabt. Die älteste, die Sophie, war eine ganz Saubere. Bei ihrem Anblick war schon so manchem die Kinnlade vor lauter Staunen fast bis zu den Knien hinuntergerutscht. Die Fritzi war dafür die Geschickte. Es gab keine Aufgabe im Haushalt, die die Fritzi nicht im Handumdrehen lösen konnte. Außerdem war sie mit den Kräutern recht bewandert, denn ihre beste Freundin war das Hintertuxer Nannerl, und die hatte es immerhin vor einiger Zeit geschafft, den kräuterkundigen Eitzinger mittels einer List und einem Thymianzauber vor den Altar zu schleppen, den ihr übrigens der Eitzinger unwissender Weise selber verraten hatte. Die Geschichte war lange Zeit das Tagesgespräch im ganzen Dorf gewesen. Aber um auf die Kaltenhofer-Schwestern zurückzukommen – die dritte im Bunde, das war die Anna. Sie war schmal, hatte mausgraues Haar und graublaue Augen. Der Busen war für ihren Geschmack viel zu klein und die blassen Wangen überzog nur selten ein Hauch von Rot. Was noch dazu kam, war: die Anna konnte nicht gut kochen. «Bei deinem Apfelstrudel kommt nicht einmal ein Saft heraus, wenn man ihn bei der Tür einzwickt!», hatte sie der Vater erst neulich wieder gehänselt. Neben ihren Schwestern hatte sie das Gefühl zu verblassen. Und weil dieses Gefühl dem tiefsten Inneren ihrer Seele entsprang, wirkte sie auch nach außen hin unansehnlich und kratzbürstig.

Wen wunderte es also, dass der fesche Franz

gleich einmal auf die Sophie zusteuerte und sie fragte, ob sie am Sonntag nach der Kirche mit ihm eine Ausfahrt machen wollte. So kam es, dass man das fesche Paar bald Sonntag für Sonntag im Steirerwagerl ausfahren sah. Die Anna verbitterte das nur noch mehr, denn sie hatte schon seit langem ein Auge auf den Pirkmeier geworfen. Allerdings hätte sie sich eher die Hand abschneiden lassen, als jemandem auch nur ein Sterbenswörtchen über ihre Gefühle zu verraten. Sie grübelte und grübelte und wirkte noch in sich gekehrter als sonst. Wäre sie nicht derart mit sich selber beschäftigt gewesen, so hätte sie gemerkt, dass die Sophie gar nicht mehr so begeistert war vom Witwer Pirkmeier, denn der war ihr in Wahrheit viel zu ruhig. Auch der Franz hatte schon mehrmals daran gedacht, seine Aufmerksamkeit eher der Anna zuzuwenden. Ihr stilles Wesen, ihre Gescheitheit und ihre Liebe zu Büchern gefielen ihm von Tag zu Tag besser. Aber irgendwie kam er nicht an die Anna heran – sie schien durch ihn hindurchzusehen.

«Du, Fritzi», sprach er die mittlere Schwester eines Tages an. «Weißt du was ich machen soll? Die Sophie und ich haben gemerkt, dass wir doch nicht so gut zueinander passen. Die Anna würde viel besser zu mir passen. Aber die scheint mich in letzter Zeit gar nicht mehr zu sehen. Weißt du, was mit ihr ist?» «Na ja, ich hab da einen Verdacht. Aber zur Sicherheit verrat' ich dir ein Mittel, das hundertprozentig wirken wird. Zumindest war's so bei meiner Freundin, dem Hintertuxer Nannerl. Aber bist du auch bereit, meine Schwester vom Fleck weg zu heiraten?» Da nickte der Franz erleichtert mit dem Kopf und konnte es kaum erwarten, mehr von Fritzis Wundermittel zu hören.

«Also, schau her. Die Pflanze da auf der Gstecktn, die nennt man Quendel – das ist der Wilde Thymian. Wennst am Sonntag wieder zu uns kommst, wird nur die Anna daheim sein. Ich stell euch einen Tee aus Quendelblättern auf. Den sollst mit ihr mitsammen trinken. Quendeltee wirkt nämlich krampflösend, appetitanregend und er macht locker. Einen Quendelwein kannst du selber gleich ansetzen – für später versteht sich, denn der stärkt und macht auch Mut. Am Sonntag drauf bestell gleich in der Früh den Pfarrer samt Ministranten zu unserem Haus. Die Sophie und ich werden alles

Weitere vorbereiten und auch den Vater einweihen. Nur drei Dinge sollst du selber erledigen: Besorge ihr ein passendes Brautkleid. Als Muster geb' ich dir gleich ein Kleid von ihr mit, und hier ist auch noch ein Ring als Muster für den Ehering. Unseren Vater musst du natürlich auch selber um Annas Hand bitten. Und wenn du die Sophie deinem Vetter, dem Isidor, vorstellst, dann wird sie dir sicherlich mit Freuden einen wunderschönen Brautstrauß aus Quendel und Vergissmeinnicht binden, denn dieser hat eine ganz besondere Funktion.»

Der Pirkmeier konnte sich vor lauter Glück kaum halten und drückte der Schwägerin in spe einen dicken Schmatz auf die Wange. «Die Zärtlichkeiten heb dir lieber für die Anna auf!», drohte ihm Fritzi mit scherzhaft erhobenem Zeigefinger. «Aber jetzt noch etwas Wichtiges, das du dir unbedingt merken musst: Sobald du ihre Hand nimmst und sie zum Traualtar führst, drücke ihr den Brautstrauß in die Hand und sage: «Nimm diesen Strauß aus Thymian – ich bin für dich der einz'ge Mann!», dann hast du sie auch in punkto Treue erobert.

Und so geschah es, dass die Kaltenhofer Anna am Sonntag völlig verdutzt im Brautkleid, das vermeintlich der Sophie gehörte, vom Pirkmeier Franz vor den Traualtar geführt wurde. Als er dann ihre Hand ergriff und das Sprücherl: «Nimm diesen Strauß aus Thymian – ich bin für dich der einz'ge Mann!» losließ, konnte sie nicht mehr an sich halten und brach in schallendes Gelächter aus. «Was sind wir zwei doch für armselige Würstchen! Den ganzen Firlefanz mit dem Quendelzauber hättest du dir sparen können, denn ich hätte dich auch so genommen – sofern ich dumme Gans nur nicht so in mein eigenes Unglück verrannt gewesen wär!» Und damit fiel sie ihrem Franz in die Arme und küsste ihn leidenschaftlich, auch wenn dieser Teil normalerweise erst am Ende der Trauungszeremonie vorkommt. Quendel hin oder her – den Franz, den wollte die Anna jedenfalls, so lange sie lebte, nicht wieder loslassen!

Zaunwinde

Bis in den Herbst hinein kann man immer noch die wunderschönen weißen Blütenkelche der Zaunwinde an Sträuchern, Zäunen, Brückengeländern und Bäumen emporranken sehen. Da ich nirgends eine passende Geschichte zur Kletterpflanze mit dem magischen kleinen Blütenkelch finden konnte, hab ich mir die folgende selbst ausgedacht. Erkennen Sie den Ort der Handlung wieder? Im Herzen des Nationalpark Kalkalpen ist er auf jeden Fall eine Wanderung wert!

Tief drinnen im Hintergebirge, dort wo sich der Reichramingbach anmutig mit seinen silbern glitzernden Wassern dahinschlängelt, wohnte einst ein mächtiger Bergkönig namens Saigerin. Sein Palast war über und über mit funkelnden Edelsteinen übersät. Von Saigerins Schätzen und Reichtümern sprach man nicht nur in Reichraming, nein, Menschen aus nah und fern versuchten immer wieder, Saigerins Schätze zu finden und sich anzueignen. Die meisten von ihnen wurden jedoch nie wieder gesehen.

Saigerins Gefolgsleute waren zwar die Zwerge, aber auch Feen, Elfen und Naturgeister beugten sich seinem Willen. Weil aber ein einzelnes Wesen so viel ungeteilte Macht selten gut vertrug, wurde Saigerin, der anfänglich ein so liebevolles und gütiges Wesen hatte, von Jahr zu Jahr härter, unnahbarer und gebieterischer – bis es schließlich von purer Gier und Machthunger vollends verdrängt wurde. So mussten bald seine Diener, die Zwerge, wie die Zwangsarbeiter schuften, während seine Gelehrten berechneten, wie er noch mehr aus seinen Arbeitern herausholen konnte. Schließlich konnte man verfügbares Potential an Arbeitskraft nicht einfach so versanden lassen.

Saigerin selbst wurde indes immer dicker, behäbiger und missmutiger. Schon bald war das Essen das einzige, das ihn freute. Die Tische bogen sich vor jeder Mahlzeit, Wein und Bergkristallwasser wurden ihm in einem

Becher aus hochkarätigen geschliffenen Edelsteinen gereicht, den russische Zwerge nach den höchsten Richtlinien der Zwergenkunst eigens für ihn angefertigt hatten.

Eines Tages aber geschah ein furchtbares Missgeschick. An jenem Tag war der tagträumerische Zwerg Hirschmugl an der Reihe, dem König seinen liebsten rubinroten Wein im edelsteinernen Pokal zu kredenzen, da fiel genau in jenem Augenblick sein Blick nach draußen auf den Blaberg, als er den wertvollen Kelch auf den Küchentisch stellen wollte.

Draußen hatte er die Blumenfee Cordula erblickt, die gerade dabei war, sündhaft süßen Waldhonig einzusammeln. Cordula gefiel dem Zwerg besonders gut. Am liebsten hätte er ihr stundenlang bei der Arbeit zugesehen. Ihre Bewegungen wirkten wie ein Tanz – so eines Anblicks konnte man einfach nicht müde werden! Dummerweise hatte sie ihn bisher noch nie bemerkt. Bis... Potz... Blitz..., hatte ihm die Cordula wirklich gerade zugewinkt? Hirschmugl strich sich über die Augen und schüttelte verwirrt den Kopf. «Klirrrrrrrrr!» Tausend Splitter rollten und sprangen über den geschliffenen schiefersteinernen Boden, als ihm der wertvollste Kelch der Welt aus der Hand glitt und am Boden zerschlug.

Hirschmugl wurde kreidebleich vor Verzweiflung. Was sollte er jetzt bloß tun? Gleich würde der Bergkönig nach ihm rufen – und dann war guter Rat teuer. Wenn Saigerin herausfand, was Hirschmugl mit seinem Kelch angerichtet hatte, würde er den Unglücksraben mit Sicherheit in den tiefsten und finstersten Stollen verfrachten, um dort bis zu seinem Lebensende zu schuften – und wenn man bedenkt, dass Zwerge mehr als 1000 Jahre alt werden, war diese Strafe für unsern frohsinnigen, herzensguten Hirschmugl schlimmer als der Tod.

Da strich ihm eine hauchzarte Feenhand wie ein Windhauch über die Stirn, um dann seine Tränen wegzuwischen. «Was ist los mit dir, mein Freund, und warum weinst du so bitterlich? Erzähl mir, was dich so sehr quält, und ich will dir gerne helfen!»

«Oh Cordula!» seufzte Hirschmugl kaum hörbar. «Mir kann keiner helfen, denn ich habe Saigerins Kelch aus puren geschliffenen Edelsteinen zer-

brochen. Ich Dummkopf hab ihn einfach fallen lassen, als ich dir bei der Arbeit zugeschaut habe!»

Täuschte er sich, oder überzog da ein leicht rosa Schimmer die Wangen der wunderhübschen Fee? «Aber egal, es ist ohnehin aus mit mir!»

«Warte hier» sprach Cordula und schon war sie zum Fenster hinaus. «Ja, ja, lass mich du auch noch alleine. Für mich gibt's ohnehin keine Rettung mehr!»

Da hörte er Saigerin auch schon ungeduldig seinen Namen rufen: «HIIII-IRRRRRRRSCHMUUUUUUGLLLLLL! Wo bleibst du schon wieder, du Taugenichts! Bring mir sofort meinen Wein!» In diesem Moment schwebte die Blumenfee wieder zum Fenster herein – wie ein Funken Licht in tiefster Finsternis. In ihren zarten Händchen hielt sie einen großen weißen Blütenkelch, der über und über mit Tautropfen behangen war, die wie tausend Diamanten glitzerten.

«Halte dich dicht hinter mir, Hirschmugl, und sag kein Wort, ich werde dir alles auf dem Weg zum König erklären...» und schon war sie in Richtung Thronsaal unterwegs. «Was soll das? Wo ist mein Kelch und wo treibt sich dieser nichtsnutzige Zwerg wieder herum? Wenn er schon wieder etwas ausgefressen hat, wird er sich beim ersten Morgengrauen im tiefsten und dunkelsten Stollen wieder finden!»

«Aber Bergkönig, so hört mir doch erst zu, was ich euch zu sagen habe! Ich bin die Blumenfee Cordula, Tochter der Feenkönigin Melinda. Als Melinda heute Morgen diesen wunderschönen Kelch hier entdeckte, war sie der Meinung, dass Ihr allein das einzige Wesen seid, dem ein solch prächtiger Kelch gebührt. So schickte sie mich zu euch, euch darin diesen Feentau zu kredenzen. Ich bitte euch, Saigerin, erweist mir die Ehre, daraus zu trinken!»

Dem tiefgründigen Lächeln der wunderhübschen Fee konnte selbst der griesgrämige Bergkönig nicht widerstehen, und so trank er das Wasser aus dem Blütenkelch. Kaum aber hatte er den ersten Schluck genommen, glätteten sich seine Gesichtszüge. Die tiefen Furchen, die Härte und Habsucht gegraben hatten, waren wie durch Geisterhand verschwunden, an ihrer Stelle waren die alten Lachfältchen und Grübchen, an die sich nur mehr die ältesten Zwerge erinnern konnten, zurückgekehrt.

In dem weißen Blütenkelch der Fee hatte sich nämlich Wasser aus dem Großen Bach befunden, entnommen an der Stelle, wo er durch Weißwasser fließt. Weißwasser, so erzählt die Sage, soll ein Ort der reinen Unschuld sein. Alles Wasser, das diesen sagenumwobenen Ort durchfließt, hat die Fähigkeit, die Reinheit und Gefühle der uralten Vergangenheit in seinen Wasserkristallen zu speichern und sie wieder ans Tageslicht zu bringen. Denn zu Anbeginn der Zeit war alles noch von Reinheit, Liebe und purem Frieden erfüllt. Offensichtlich hatte das Weißwasser dieses Wunder auch bei Bergkönig Saigerin bewirkt: «Lieber Hirschmugl, warum versteckst du dich hinter der hübschen Blumenfee mit den seegrünen Augen? Hast du wieder etwas angestellt?» fragte der Bergkönig völlig verwandelt.

Da fasste sich der Zwerg ein Herz und begann zu beichten. «... und hier sind sie... die Überreste Eures wertvollen Kelchs... zerbrochen in tausend Splitter!» Völlig gebrochen kniete der Zwerg vor Saigerin und erwartete das Schlimmste.

«Hmmm, der Kelch war ja schon ziemlich altmodisch. Ich finde es spannend, dass die Edelsteine ihre Farbe gewechselt haben. Siehst du... sie glitzern jetzt wie tausend Diamanten, nicht mehr so bunt wie zuvor! Hol mir die Goldschmiede! Sie sollen versuchen, den funkelnden Blütenkelch der Feen aus Weißgold nachzubilden. Die Diamanten eignen sich hervorragend für die Darstellung der glitzernden Tautropfen. Ich finde es ist höchste Zeit für Veränderungen!»

Unendlich erleichtert zogen Zwerg Hirschmugl und seine Blumenfee Cordula von dannen. Hinter ihren Rücken hielten sie verstohlen Händchen. Wenn schon Zeit für Veränderungen war, konnten zur Abwechslung doch auch einmal ein Zwerg und eine Blumenfee heiraten.

Die Sage von König Saigerin aber ging wie so vieles mit der Zeit verloren. Denn als die Leute im Hintergebirge aufhörten, Bergbau zu betreiben, wurden auch die alten Sagen nicht mehr weiter erzählt. Lediglich in den magischen Wasserkristallen von Weißwasser sind sie und viele andere Geheimnisse bis zum heutigen Tag gespeichert.

Nachtkerze

Die Nachtkerze scheint ihre ganze Energie auf den Moment des Erblühens zu richten. Unbeeindruckt von den Gewohnheiten der Natur öffnet sie sich erst dann, wenn alle anderen Pflanzen schlummern. Als Heilpflanze kennt man sie durch das aus ihr gewonnene Öl. Nachtkerzenöl hat einen natürlich hohen Gehalt an Gamma-Linolensäure. Diese besondere mehrfach ungesättigte Fettsäure kommt sonst in der Natur nur äußerst selten vor. Sie soll aber auch in der Muttermilch vorhanden sein. Was vielleicht auch der Grund dafür ist, dass eine Massage mit Nachtkerzenöl gegen frühkindliche Verletzungen der Psyche helfen soll. Bei Allergikern wird die Nachtkerze zur Stabilisierung des Immunsystems eingesetzt.

In der Kosmetik verleihen Produkte auf der Basis von Nachtkerzenöl reifer Haut Feuchtigkeit und Elastizität.

Das Geschenk der heiligen Genoveva

Genevieve Bertrand saß zusammengekauert unter einem alten Brückenbogen, zitterte vor Kälte und Hunger und war zutiefst verzweifelt. Trotz ihrer erst 16 Jahre war sie schon seit fünf Jahren im Dienst diverser Pariser Herrschaften gewesen. Von ihrem Vater wusste sie weder den Namen, noch wie er aussah und ihrer Mutter war sie von Anfang an ein Dorn im Auge gewesen. Diese war eine atemberaubende Schönheit, die das Leben in Paris kompromisslos auskosten wollte. Sogar die feinen Herren steckten der hübschen Kammerzofe als Dank für ihre Aufmerksamkeiten immer wieder kostbare Kleinigkeiten zu. Als sie unvorsichtigerweise schwanger wurde und Genevieve – das Balg – bekam, war ihr, als hätte ihr jemand eine Bleikugel ans Bein gekettet. Sie fühlte sich wie eine Gefangene, die die kleine Last auch noch durchfüttern und großziehen musste. Wie froh war sie, als sie das Balg

mit 11 Jahren zu bekannten Herrschaften in den Dienst schicken konnte. Endlich wieder Leben – das war alles, was sie wollte. Genevieve hatte nur wenig von der Schönheit ihrer Mutter geerbt. In den seltenen Momenten, in denen sie strahlte, war es allerdings, als öffnete sich ein Himmel voll innerer Leuchtkraft.

Ohne zu denken, richtete sich Genevieve auf und steuerte wie eine Maschine dem Brückengeländer zu. Seit sie denken konnte, hatte sie eine schwere Bürde getragen – die Ereignisse der letzten 48 Stunden konnte und wollte sie nicht mehr verkraften. Ein Freund ihres Herrn hatte sich an ihr vergangen und ihr das einzige genommen, worauf sie stolz war – ihre Unschuld. Als sie sich in ihrer Not bei ihrem Brotgeber aussprechen wollte, jagte sie dieser auch noch aus dem Haus. Nicht einmal soviel Zeit war ihr geblieben, um ihre wenigen Habseligkeiten zusammenzusuchen.

Schwerfällig zog sie sich aufs Brückengeländer hinauf – nur noch wenige Schritte, und sie wollte ihrem kläglichen Dasein endlich ein Ende bereiten.

Da raste plötzlich, wie aus dem Nichts, eine Kutsche an ihr vorbei. Genevieve geriet ins Straucheln, verlor den Halt und stürzte – allerdings nicht ins todbringende Nass der Seine, sondern auf den Brückenrand, wo sie besinnungslos liegen blieb.

Ein junger Malergeselle bemerkte das reglose Bündel, das offenbar mehr Glück als Verstand gehabt hatte, und brachte es zum Kloster hinauf. Bei Malerarbeiten hatte er Schwester Genoveva kennengelernt, die in ihrer Güte der Verzweifelten sicherlich helfen würde. Als Genevieve am nächsten Morgen erwachte, fand sie sich in einer kalten, kargen Klosterzelle wieder. «Endlich bist du erwacht, mein Kind!», sprach sie eine Frau mittleren Alters an, deren gütiges Gesicht Genevieve unsagbar wohl tat. «Wo bin ich?», fragte das Mädchen. «Ich weiß nur noch, dass ich auf die Brücke klettern wollte, um…», voller Scham verstummte sie. «Ich weiß, Francois, der junge Maler der dich gefunden hat, hat mir schon alles berichtet. Willst du später zur Beichte gehen, um dein Gewissen zu erleichtern? Aber vorher gebe ich dir etwas zu essen – du siehst ja wie ein Gespenst aus!» Genevieve nickte und ließ die fromme Frau gewähren. Als Genevieve der guten Schwester Genoveva einen ausführlichen Bericht über ihr bisheriges Leben, insbesondere der letzten drei Tage gegeben hatte, nickte diese traurig wissend. «Ja, solche Verbrechen waren früher gang und gäbe. Die unteren Schichten mussten alles über sich ergehen lassen. Wer sich beschwerte, wurde – bestenfalls ‹NUR› – aus dem Haus gejagt.»

Genevieve durfte einen Monat lang im Kloster bleiben, um sich an Leib und Seele zu erholen und wieder zu Kräften zu kommen. Als es Zeit war Abschied zu nehmen, brachte Schwester Genoveva den jungen Maler mit, der dem Mädchen damals auf der Brücke das Leben gerettet hatte. Die fromme Mutter erzählte ihr, dass er eben erst zum Meister geworden war und eine eigene Werkstätte aufgemacht hatte. «Wenn du willst, kannst du bei Francois als Haushälterin arbeiten. Er kann dir zwar nicht viel bezahlen, aber er ist ein anständiger junger Mann und könnte eine Hilfe gebrauchen.» Genevieve war unendlich dankbar und packte sofort die paar Sachen zusammen, die ihr die Nonnen überlassen hatten. Zum Abschied bat Genoveva ihre Namensschwester nochmals zu sich in die Kapelle. Dort schenkte sie ihr eine wunderschöne Pflanze, wie sie Genevieve noch nie zuvor gesehen hatte. «Bereite aus Blüten und Blättern dieser Pflanze einen Tee, den du regelmäßig trinkst. Er wird deine Seele heilen und deinem Körper die Kraft zurück geben, denn die Nachtkerze hilft ungewollten Kindern, die Verletzungen ihrer Seele zu heilen und unterstützt die Genesung nach langer Krankheit. Aber gib Acht und hüte diese Pflanze gut, denn du wirst ihresgleichen nicht wieder bei uns finden. Ihre Zeit ist noch nicht reif. Erst viel später werden sie die Menschen unter dem Namen «Nachtkerze» kennen. Ich bin die gottgeweihte Jungfrau Genoveva und kenne die sündhafte Stadt Paris nur zu gut. Viel hundert gewaltige, kriegerische Herren streiten sich um irdische Macht und Ehre. Die Sünderinnen häufen Putz und Schmuck in ihren Palästen an. Die Großen treten die Kleinen, die Kleinen geben die Hoffnung auf. In meiner Zelle bete ich Nacht für Nacht für die verlorene Stadt und stelle dabei ein Licht ins Fenster, damit die Menschen wissen, dass einer über sie wacht. Nur so kann ich erreichen, dass da ein Sünder unruhig wird und nicht wagt, auf seinem schlechten Weg weiterzugehen oder dort ein Verzweifelter die Hand vom Brückengeländer nimmt. Wie mein Licht im Fenster soll diese Blume für dich sein.»

Mit Tränen in den Augen fiel ihr Genevieve um den Hals und machte sich auf den Weg in eine glücklichere Zukunft.

Geschichtlicher Hintergrund

Genoveva von Paris, französisch Geneviève, starb am 3. Januar um 502 in Paris. Später wurde die geweihte Jungfrau, die im Alter von 15 Jahren das Gelübde abgelegt hatte, heilig gesprochen. Sie ist die Schutzpatronin von Paris. Bereits als junges Mädchen legte Genoveva ein Gelübde ewiger Jungfräulichkeit ab. Zu Hause lebte sie sehr asketisch und widmete sich dem Gebet und der Meditation.
Nach dem Tode ihrer Eltern ging sie nach Paris und lebte im Dienst an Armen und Kranken. Der Überlieferung nach soll sie von ihrem 15. bis zum 50. Lebensjahr nur zweimal wöchentlich Speise und Trank zu sich genommen haben. Der Legende nach sagte sie voraus, dass Attila, der Hunnenkönig, Paris bei seinem Vormarsch verschonen würde. Als er sich näherte, feuerte sie die Bevölkerung an, die Frauen sollten beten und die Männer die Stadt verteidigen. Die Männer wollten sie steinigen, doch die Frauen beteten mit ihr, und Attila griff Paris nicht an. Quelle: wikipedia

Goldrute

Das Geschenk der Saligen Frau

Die Burger Agnes lebte am Silberbrunnenhof, dem reichsten und schönsten Bauernhof in der ganzen Umgebung. Geld hatten sie ja, das musste sie zugeben. Aber was nützte ihr der ganze Reichtum, wenn alles andere nicht passte. Die Mutter war vor zwei Jahren bei der Geburt des kleinen Martin gestorben. Der Vater arbeitete seither noch mehr. Um das Gut zu erhalten, arbeitete er sich die Nägel aus den Fingern – vielleicht auch, damit er nicht ständig an die Mutter denken musste. Um die kleinen Geschwister musste sich seither die Agnes kümmern, denn die alte Großmutter, die bei ihnen am Hof lebte, war schon zu alt und gebrechlich, und die Buben liefen ihr ständig davon. So war der 15-jährigen Agnes nichts anderes übrig geblieben, als von der Schule zu gehen und sich um die vier Geschwister zu kümmern. «Nimm's nicht so schwer», hatte der Vater sie trösten wollen «du kommst vom schönsten Hof in der Gegend, da wirst du auch ohne Schule einen passenden Bräutigam finden, wenn die Zeit reif ist. Bist doch ein sauberes Mädl.»

Und da waren wir auch schon beim nächsten Problem – ihrem Aussehen. Würde auf dieser schönen Welt mehr auf die inneren Werte, die innere Schönheit geachtet, hätte sich die Agnes keine Sorgen machen müssen: Sie war brav, arbeitsam und gottesfürchtig, und dumm war sie auch nicht, die junge Silberbrunnhoferin. Aber wer schert sich heutzutage schon um innere Werte? «Wenn mich die Burschen nicht einmal ansehen, weil meine Haare dünn, stumpf und mausbraun sind und überhaupt nichts dran ist an mir – wie soll ich ihnen dann beweisen, dass sich ein zweiter Blick lohnt? Wie soll ich jemanden kennen lernen, wenn mich alle nur hänseln. Sie hat schon recht, unsere Dorfschönheit Viola, wenn sie mich spöttisch ‹Mauerblümchen› nennt.»

Aber viel Zeit blieb der Agnes ohnehin nicht zum Sinnieren, denn die Wäsche wollte gewaschen, das Haus geputzt und die Kinder geschneuzt und gekampelt werden.

Ach ja, eins hätt' ich fast vergessen, der Silberbrunnenhof war ein ganz besonderer Hof, denn im Silberbrunnen im Hofe sollten sich einer Legende nach die Saligen Frauen in Vollmondnächten die Haare waschen. Gesehen hatte das die Agnes allerdings noch nie, und das, obwohl sie sich schon ein paar Mal mit Max, dem Nachbarsbuben, auf die Lauer gelegt hatte.

«Ihr habt sie sicher erschreckt und vertrieben!», schalt sie die Großmutter halb scherzhaft, als ihr Agnes von der geheimen Mission erzählt hatte. Am Hof wurde überhaupt noch viel auf die alten Bräuche gehalten. Zu Allerheiligen hatte die Mutter beim Brunnen immer ein Mahl für die «Armen Seelen» gerichtet. Zu Weihnachten wurde der Brunnen mit Girlanden aus Tannenreisig geschmückt, und auch beim Räuchern in den Raunächten wurde er besonders bedacht, um die Saligen vor der «Wilden Jagd» zu schützen. Zu Maria Himmelfahrt warf der Vater sogar ein jedes Jahr ein Zweigerl aus dem geweihten Kräuterbuschen in den Brunnen hinunter.

«Agnes, steh auf», rüttelte sie die Großmutter unsanft mitten in der Nacht aus dem Schlaf. «Der kleine Franzl fiebert so stark, und der Vater ist von der Versammlung im Goldenen Bären noch nicht heimgekommen. Schnell, lauf ins Dorf und hol den Doktor. Ich glaub, wir haben nicht viel Zeit!» Erschrocken schlüpfte das Mädchen in den Mantel und eilte auf direktem Weg über die Steilwiese ins Dorf hinunter. Als sie völlig außer Atem beim Doktorhaus anklopfte, traf sie lediglich die Haushälterin an. «Der Herr Doktor ist für ein paar Tage zu seiner Mutter nach Salzburg gereist» lautete die knappe Antwort. Was sollte sie jetzt tun? Da erinnerte sich die Agnes an die Kräutermali, die auf der anderen Talseite am Waldesrand hauste. Die Mali hörte ihr gut zu, packte dann etwas Mädesüß und noch ein paar andere Kräuter und Tinkturen in ein vergilbtes Beutelchen und machte sich mit der Agnes auf den Weg. Während sie den Franzl behandelte, kauerte die Agnes

vorm Brunnen im Hof und weinte bitterlich. «Lieber Gott, bitte mach, dass der Franzl wieder gesund wird. Wir haben doch schon genug Unglück im Haus gehabt. Wenn du uns den Franzl auch noch nimmst, dann verkraft' ich das einfach nicht mehr!»

Da rann ihr ein kalter Schauer über den Rücken und etwas Hauchzartes strich ihr wie eine leichte Brise übers Haar. «Was bedrückt dich so, dass du so sehr weinen musst, mein Kind?», fragte eine weiße Frauengestalt, deren silberglänzendes Haar im fahlen Mondlicht wehte. Zu müde und abgekämpft, um zu erschrecken, schüttete Agnes der Saligen ihr Herz aus und klagte ihr all das Leid, das sich schon so lange in ihrem Herzen aufgestaut hatte.

«Der Franzl wird wieder gesund. Die Kräutermali weiß, was sie tut, und ich werde ihm zusätzlich heilsames Sternenlicht bringen. Bevor ich gehe, möchte ich dir aber etwas schenken. Nimm diese Pflanze hier und setze sie ins Gartl neben den Schotterweg. Dann pflücke die goldene Rute – die Pflanze heißt übrigens auch Goldrute – koche einen Absud und wasch' dir damit die Haare. Wiederhole die Anwendung, so oft du willst. Du wirst sehen, bald wird es auch deinem Gemüt besser gehen.»

Die Salige sollte Recht behalten. Vierzehn Tage später sprang der Franzl schon wieder fröhlich herum und heckte allerlei Späße aus. Was die Agnes betraf, so war allerdings nichts mehr beim Alten. Die wundersame Goldrute, die ihr die Salige Frau geschenkt hatte, hatte ihrem Haar nicht nur Fülle und Kraft verliehen: in der Sonne glänzte es, als wär' es aus gesponnenem Gold. Und auch das Gesicht des Mädchens hatte sich auf wundersame Weise verändert. Ein frisches Strahlen der Zufriedenheit, das tief aus ihrem Innern kam, hatte aus dem Mauerblümchen über Nacht eine wunderschöne junge Frau gemacht. Das blieb auch den Burschen im Dorf nicht verborgen, und so musste sich die Agnes nie mehr Sorgen wegen des «Überbleibens» machen. Das Geheimnis der Goldrute aber gab sie an alle, die es verdienten, weiter, und so sollen es auch die halten, die dieses Märchen lesen.

Springkraut

Man sagt, wenn sich ein müder Wanderer eine Springkraut-Blüte mit etwas Spucke auf die Stirn klebt, bekommt er einen regelrechten Energieschub. Ich hab das einmal mit einer Kindergruppe auf Kräuterwanderung selbst ausprobiert – die Wirkung war sensationell ;-) Aber Achtung! Essbar ist die gesamte Pflanze nicht. Sie gilt als leicht giftig. Ihre Samen schleudert sie, mit enormem Druck, bis zu 10m weg – worauf wahrscheinlich der Name «Springkraut» zurückzuführen ist.

In der Medizin ist das Drüsige- oder Indische Springkraut von Bedeutung. Mit seinen rosaroten Blüten wuchert es gerne entlang von Flussufern, Gräben und Waldrändern.

Als Bachblüte «Impatiens» hilft es Menschen, die sehr schnell denken und arbeiten können, denen ihre Umgebung jedoch zu langsam ist bzw. Menschen, die zu wenig Geduld mit ihren Mitmenschen haben. Auch unruhige Kinder, die ständig quengeln und nicht stillhalten können, soll die Bachblüte Impatiens (Ungeduld) gut tun (bezüglich einer Anwendung auf jeden Fall einen Arzt oder Apotheker konsultieren!). Von dieser Bedeutung und seinen indischen Wurzeln erzählt die folgende Geschichte:

Von Indern, Engländern und dem Sinn hinter dem Offensichtlichen…

«Des kreuzvermaledeite Kraut!», schrie der Schmödlmair Ludwig zornig, als er hinterm Haus zum Bachbett hinuntersteigen wollte. 10 Jahre war er jetzt Bürgermeister hier in Springenfels. Und Jahr für Jahr ärgerten ihn die großen Stauden mit den rosa-roten Blütenblättern, die überall wucherten, mehr. «Ausreißen müsst' man es, bedingungslos ausreißen, und zwar in jedem Winkel der Gemeinde!» Der Ludwig blieb plötzlich wie angewurzelt stehen: «Ja, das ist es. Das ist die Lösung! Ich bin ein Genie – das hab ich doch schon immer gewusst!» Und so eilte er, dreckig und verschwitzt, wie er war, schnurstracks ins Gemeindehaus, um ein Rundschreiben an alle Gemeindebürger zu veranlassen – nein, eigentlich kein Rundschreiben, sondern eine dringliche Aufforderung:

«Mit sofortiger Wirkung verfüge ich – der Ludwig Schmödlmair, Bürgermeister von Springenfels –, dass das INDISCHE Springkraut (das mit dem indischen wollte er besonders hervorheben, denn alles was aus dem Ausland kommt, hört sich ja bekanntlich noch gefährlicher an) *mit sofortiger Wirkung AUSZUREISSEN ist. Das Kraut, welches bei uns nicht heimisch und irgendwann aus dem Ausland eingeschleppt worden ist, vertreibt unsere heimischen Pflanzen und überwuchert schon die halbe Gemeinde. Zu einem Aktionstag am kommenden Samstag rufe ich alle Vereine des Ortes auf, dem Kraut gemeinsam zu Leibe zu rücken und es im ganzen Ort auszumerzen. Wer danach das selbige noch irgendwo gewahr wird, muss es zum Schutze unserer heimischen Flora weiterhin sofort ausreißen. Diese Anordnung gilt bis auf Widerruf!*

Hochachtungsvoll, Bürgermeister Ludwig Schmödlmair

Die Springenfelser konnten die drohende Gefahr gut nachvollziehen und versammelten sich am darauffolgenden Samstag fast vollzählig – der Älteste Teilnehmer war 97, die Jüngste, das Kocher Nannerl, war vorige Woche gerade erst drei Jahre geworden – vorm Feuerwehrdepot. So rückte man der «ausländischen Invasion» gemeinsam und mit vereinten Kräften zu Leibe, bis kein einziges Pflanzerl mehr übrig schien. Was allerdings schon ein bisserl lästig war und die allgemeine Begeisterung trübte, waren die Samen, die einen regelrecht ansprangen. «Der Bürgermeister hat schon recht», machte sich der arbeitsscheue Gruber Vinzenz wichtig, «solche Ausländer sind ja sogar in der Pflanzenwelt richtig gefährlich!»

Am Abend wurde dann im «Goldenen Ochsen» gefeiert. Der sonst so sparsame Bürgermeister spendierte sogar Würstl, Limonade und ein großes Fass Bier für die Helfer.

Dann neigte sich das Jahr seinem Ende zu, der Winter zog ins Land, bedeckte den Schauplatz mit Schnee und Eis, und die Leute in Springenfels vergaßen den «Feind aus dem Pflanzenreich». Schließlich passte so ein Thema auch nicht zur Weihnachtszeit und schon gar nicht zum himmlischen Geschehen in der Krippe, im Stall zu Bethlehem. Aber auf jeden Winter folgt bekanntlich ein Frühjahr, und als ein neuer Sommer ins Land zog, blühte das Springkraut üppiger denn je.

Als der Bürgermeister an einem heißen Sommertag wieder einmal zum Bach hinunter wollte, um die schmerzenden, geschwollenen Füße im kalten Bachwasser zu kühlen, entfuhr ihm ein entsetzter Schreckensschrei: «Himmelherrgottsakrament! Das kann doch nicht wahr sein. Das kreuzvermaledeite Ausländerkraut hat sich schon wieder bei uns breit gemacht!»

In diesem Sommer plagten den Schmödlmair allerdings ganz andere Sorgen, und so ließ er die Pflanze Pflanze sein, auch wenn es ihn innerlich wurmte. Grund war sein Nachzügler, der 8-jährige Florl, der ihm großes Kopfzerbrechen bereitete. Jetzt war er schon das zweite Jahr in der Schule, und der Dorfschullehrer schickte fast wöchentlich die Nachricht, dass mit dem Florl nichts anzufangen sei. Er bleibe nicht sitzen, könne sich nicht konzentrieren und brauche überhaupt so viel Aufmerksamkeit, dass es am besten wäre, der Herr Bürgermeister stelle einen Hilfslehrer ein, der sich nur um den Florl kümmerte, so er wolle, dass aus dem Buben was Rechtschaffenes würde.

«So ein Blödsinn», redete der Ludwig mit sich selber. «Ich werd' halt einfach strenger mit dem Buben sein müssen. Und mit der Dora» – die Dora war die Frau des Bürgermeisters – «mit der Dora werd' ich auch ein Wörtchen reden müssen. Die soll den Buben nicht so ‹verscheißerln›. Da kann ja kein rechtschaffenes Mannsbild aus ihm werden».

Am Nachmittag wurde er, Gott sei Dank, durch einen unerwarteten Besuch von seinen Sorgen abgelenkt. «Grüß' dich Gott, Ludwig» schallte die Stimme Hermanns lachend durchs Vorhaus. Die beiden hatten miteinander die Schulbank gedrückt und freuten sich ein jedes Mal auf ein Wiedersehen. Lange war es her, seit sie Neuigkeiten ausgetauscht und über die alten

Streiche gelacht hatten. Außerdem war der Hermann recht kräuterkundig. «Vielleicht weiß er ja, wie man das lästige Springkraut los wird?», ging es dem Bürgermeister durch den Kopf. Aber soweit sollte er gar nicht kommen. «Ja Ludwig, was ist denn bei dir los?», wollte der Hermann noch unter der Haustür wissen. «Hast leicht ADHS bekommen auf deine alten Tag?! Ha, ha, ha?» «Was ist ADHS??? – Und wieso lachst überhaupt so komisch, du alter Bazi!», entgegnete Ludwig leicht betreten.

«Na ja, du hast gar so viel Springkraut rund ums Haus stehen, und Pflanzen wachsen bekanntlich dort, wo sie gebraucht werden. Weißt, das ADHS ist so eine neue Krankheit. Du kennst doch noch das Buch vom Struwwelpeter – die Geschichten vom Zappel-Philipp und vom Hans Guck-in-die-Luft. Jetzt hat man herausgefunden, dass, wenn ein Kind in der Schule gar nicht stillsitzen will, sich überhaupt nicht konzentrieren kann, wie ein ‹Schiss in der Reither› tausend Sachen auf einmal im Kopf hat und wahnsinnig viel Aufmerksamkeit braucht, dass das eigentlich eine Krankheit ist – und die nennt sich ADHS.»

«Eine Krankheit sagst?! Ja und gibt's dagegen ein Mittel?» Schön langsam begann ein schrecklicher Verdacht in ihm zu keimen.

Das Mittel soll, nach den Erkenntnissen des Engländers Edward Bach, das Springkraut sein. Es heißt ja auch Impatiens – also so viel wie Unruhe oder Ungeduld. Aber helfen tut es angeblich nur dann, wenn man es als Bachblütentinktur verwendet.

Das brachte den Ludwig zum Grübeln. Wortkarg und in sich gekehrt saß er da. Der Herman begann sich nun ernsthaft Sorgen um den Freund zu machen. Nachdem Hermann gegangen war, ging der Bürgermeister sofort zum Kalender und sah nach, wann die nächste Bürgermeister-Versammlung in der Bezirkshauptstadt anberaumt war. Denn jetzt wollte er es wissen. Er hatte beschlossen, den Florl untersuchen zu lassen.

«Ja Herr Schmödlmair, Ihr Sohn dürfte wirklich an ADHS erkrankt sein», eröffnete ihm der Arzt, als die Untersuchungsergebnisse vorlagen. «Vom schulmedizinischen Standpunkt kann ich Ihnen da noch nicht wirklich weiter helfen. Ich an Ihrer Stelle würde es vorerst mit Bachblüten versuchen.

Hilft's nicht, so schadet's nicht!» Mit einem unterdrückten Seufzer und einem niedergeschlagenen «Vergelt's Gott, Herr Doktor!», verließ Ludwig die Ordination und machte sich auf in die Kreisapotheke am Hauptplatz.

Als der Herman kurz vor Beginn der Herbstferien wieder bei seinem Freund, dem Bürgermeister, anläutete – er hatte zur Sicherheit sein dickes Kräuterbuch mit, weil er sich noch immer Sorgen um den Ludwig machte – fand er diesen völlig verändert, ja geradezu ausgelassen und fröhlich vor. «Da bin ich aber heilfroh, dass es dir wieder besser geht!», umarmte ihn der Freund erleichtert. Bei meinem letzten Besuch dachte ich, dir fehlt etwas Ernsthaftes!»

Da erzählte ihm Ludwig die ganze Geschichte: Von den vielen Briefen des Oberlehrers, vom Springkraut, das übrigens mittlerweile weit nicht mehr so wucherte, von dem Schrecken, den er ihm mit seiner Rede über ADHS eingejagt hatte, dem Test beim Doktor und der wundersamen Heilung durch die Blütenessenzen vom Herrn Bach. «Weißt du, Hermann», rieb sich der Schmödlmair freudig die Hände, «seit drei Wochen ist unser Florl wieder in der Schule. Natürlich hat mich der Oberlehrer auch diesmal wieder zu sich bestellt. Die Ursach' war aber eine völlig andere als sonst. Baff war er, weißt du – völlig baff, weil unser Florl jetzt viel aufmerksamer ist und brav mitlernen tut er auch! Ich bin dir ja so dankbar, dass du mich da auf die richtige Spur gebracht hast!» Und so schlenderten die beiden mitten am helllichten Tag zum Wirtshaus hinunter, denn so etwas gehörte auf jeden Fall gefeiert.

Das Springkraut aber zog sich von da an zurück, schließlich hatte es seine Mission erfüllt, und in der Gemeinde durfte es niemand mehr ausreißen. Was die Fremden anbelangt, so hatte Ludwig Schmödlmair seine Meinung grundlegend geändert. Schließlich waren es, neben dem Hermann, ein Engländer – Edward Bach, der Entdecker der Bachblüten lebte in England – und ein «Inder» – das Indische Springkraut – gewesen, die ihm und seiner Familie geholfen hatten. Ja, ja, oft lohnt es sich schon, den Sachen etwas tiefer auf den Grund zu gehen.

Storchenschnabel

Kommst du zu mir, kleiner Engel?

«Warum müssen wir uns eigentlich ständig wegen des Baby-Themas streiten, Gloria?» fragte Paul entnervt und sah seine Frau mit verzweifelter Miene an. Du weißt doch, dass ich da voll hinter dir stehe, aber es hat keinen Sinn, bei jeder Kleinigkeit die Nerven wegzuwerfen, denn dann wird es sicher nie etwas. Ein Kind lässt sich eben nicht erzwingen. Lass dir Zeit! Ich bin mir sicher, unser Baby wird zum richtigen Zeitpunkt kommen…»

Aufgebracht wischte sich die junge Frau die Tränen aus den Augenwinkeln. Trotz ihres augenscheinlich glücklichen Daseins schien sie ihr Leben in eine Sackgasse zu steuern. Gloria war mitte Dreißig, verheiratet und hatte einen gutern Job. Nur eines fehlte ihr von Tag zu Tag mehr – ein Kind.

Dabei hatte alles eigentlich ganz harmlos angefangen. Sie war nichtsahnend von der Arbeit nach Hause gegangen. Als sie auf der Brücke Rast machte, stand neben ihr eine Mutter mit Kinderwagen. Das wonnige Baby darin lächelte sie an – und schon fuhr es ihr wie ein Blitz durch Mark und Bein: «Ist das süüüüüß!»

Gloria war von einem Moment auf den anderen vom innigen Wunsch beseelt, selbst so ein kleines Baby in den Armen zu halten, das sie anlächelt, um irgendwann das erste «Mama» hervorzubringen.

So einfach wie sie sich das vorgestellt hatte, war das mit dem Kinderkriegen allerdings nicht… sie wartete… und wartete… und wartete. Und obwohl alle Untersuchungen bestätigten, dass alles völlig in Ordnung war, wollte sich der erhoffte Kindersegen einfach nicht einstellen.

Irgendwann hatte sie dann begonnen, das Baby regelrecht zu sehen – irgendwo da oben als kleinen Engel, der auf einer Wolke saß. Doch ein jedes

Mal, wenn sie das Gefühl hatte, er springe von der Wolke herab, um als Baby zu ihr auf die Welt zu kommen, ereilte sie kurz darauf die Nachricht, dass jemand anderer aus ihrem Bekanntenkreis schwanger geworden war. War das alles nur Einbildung? Wurde sie etwa gar wahnsinnig?

Paul hatte seinen Satz noch nicht einmal ganz fertig gesprochen, da hatte sie auch schon, ohne nachzudenken, ihre Turnschuhe angezogen und war in Richtung Stadtrand davon gelaufen. Auf der Wiese am Waldrand machte sie Halt und legte sich ins warme Gras. «Keine quälenden Fragen mehr, kein Gedanken-Wirrwar, kein Streit, sondern einfach nur da liegen und die Realität wegknipsen, wie beim Fernsehen!»

Sie schloss die Augen und nahm ein paar tiefe Atemzüge. Als sie sie wieder aufmachte, schien alles außergewöhnlich friedlich ringsherum, so wie es nur am Lieblingsplatz eines Menschen sein konnte. Und schön langsam drang diese Ruhe bis in Glorias innersten Kern vor. Am tiefblauen Himmel zogen Wolkenberge vorbei und bildeten witzige Traumgestalten. Wie lange hatte sie das schon nicht mehr getan – einfach daliegen und Wolkenkino spielen?

Doch selbst am Himmel sah sie im großen Wolkenhaufen, der sich eben erst gebildet hatte, ein Baby. Als sie länger hinsah, zeigte eine Wolkenhand zu ihr auf die Erde hinunter und wurde immer länger und länger, als wollte ihr das Wolkenkind etwas sagen. Sie sah vor sich zu Boden und bemerkte eine kleine rosa Blüte, die spitz wie ein Schnabel zusammenlief.

Völlig in Gedanken pflückte sie die Blüte ab und nahm sie mit nach Hause. Als sie etwas später Wirkung und Bedeutung der Blume nachschlug, staunte sie nicht schlecht: Nicht nur eine Internetseite erklärte ihr da, dass die Magie des Storchenschnabels für unerfüllte Kinderwünsche steht.

Da musste sie innerlich lächeln und das Lächeln wurde zu einem Strahlen, das ihr ganzes Wesen erfüllte. Instinktiv wusste sie, dass das nächste Engelchen, das über den Rand der flauschigen weißen Himmelswolke sprang, zu ihr kommen würde.

Blutwurz

Als ich mit den Juniorfirmen unserer Schule einige Jahre lang ein Ständchen auf dem Adventmarkt hatte, lernte ich durch unsere Standl-Nachbarn die Blutwurz kennen. Der Familienbetrieb, der so einige ausgefallene Delikatessen aus der Natur feilbot, stellte u.a. auch einen leckeren Blutwurz-Likör her. Das blutrote Schnapserl, so wurde ich informiert, sollte weit mehr sein, als bloßes Genussmittel. Blutwurz beruhigt demnach den Magen und soll überdies fiebersenkend wirken. Außerdem soll sie bei Entzündungen im Mund- und Rachenraum gute Dienste leisten. Schon im Mittelalter war der Ausspruch bekannt: «Iss Tormentill (Blutwurz) und Bibernell, dann holt der Tod dich nicht so schnell!» Ihr blutroter Farbstoff soll, so glaubte man, Pilzen, Infektionen und bösartigen Keimen zu Leibe rücken können. Na denn… Prost!

Das Märchen von der Blutwurz

Die Stadt Torment war einst wohlhabend, reich und friedlich. Den Bürgern der Stadt ging es gut, denn sie lebten inmitten grüner Wälder und saftiger Wiesen. Das Land rund um die Stadt war fruchtbar, der Handel brachte den Menschen ein gesichertes Einkommen und auch die Leute, die in der Stadt wohnten, verstanden sich prächtig miteinander. Man könnte fast sagen, so sonnig und freundlich wie die Blumen, die rund um die Stadt blühten, waren auch die Bewohner von Torment. Diese Blumen, die aussahen wie winzig kleine Röschen, galten als Wahrzeichen von Torment. Ausserdem hatten sie nur vier anstatt der bei Rosengewächsen sonst üblichen fünf Blütenblätter – offensichtlich ein weiterer Grund für den besonderen Segen, der über dieser Stadt lag.

Regiert wurde Torment von zwei einflussreichen Familien, den Rhizomern und den Rosacäern, die sich seit Generationen in Eintracht um des Wohl der Bürger bemühten. Mit der Zeit aber begann sich ein gewisser Hunger nach Macht und Neid in die sonst so friedfertigen Familien einzuschleichen. Es fing mit Kleinigkeiten an. Der eine wollte wissen, wer mehr besaß, der andere, wer gescheiter war, ein weiteres Mal ging es um das schönere Grundstück – und so schaukelte sich die Sache Zähnchen um Zähnchen hoch, bis eines Tages ein richtiger Streit entbrannte. Sowohl Rhizomer als auch Rosacäer stellten Besitzansprüche auf die Gemeindewiese mit den schönen gelben Blumen. Die Blumen, die hunderte von Jahren immer allen Bürgern von Torment zu gleichen Teilen gehört hatten, sollten plötzlich einer einzigen Familie zugesprochen werden.

«Das ist doch die Höhe!» ereiferte sich Philon, das Familienoberhaupt der Rosacäer. «Diese Pflanze gehört uns! Wenn sie uns diese Rhizomer einfach stehlen wollen, dann bedeutet das Krieg!»

Und damit setzte er den Grundstein für eine schreckliche Fehde, die viele Jahre dauern sollte. Was mit kleinen Überfällen und Gemeinheiten begann, gipfelte schließlich in einem blutigen Bürgerkrieg. Die einst so friedliebenden Tormenter hatten sich in eine mordende und raubende Meute verwandelt. Als es den Mächten dort oben zu bunt wurde und sie nicht mehr länger zuschauen wollten, kam es zu einer blutigen Schlacht. Schlachtfeld war die Gemeindewiese mit den vier-blättrigen gelben Blumen, auf der alles begonnen hatte.

Mit der Schlacht aber endete auch der Krieg, denn es war nichts mehr übrig, um das es sich noch zu kämpfen lohnte. Selbst die gelben Blumen waren verblüht und der Boden auf dem sie einst wuchsen, von Blut getränkt.

Im nächsten Frühjahr allerdings kehrten die gelben Blumen in alter Schönheit zurück. «Sieh mal, Vater, aus der Wurzel der gelben Blume kommt ja rotes Blut!» quiekte ein kleiner Junge eines Tages erschrocken, als er vor lauter Hunger von der heiligen Wurzel abgebissen hatte. Aber dann aß er sie trotzdem ratzeputz auf, denn ihm war jedes Mittel recht, um seinen Hunger zu stillen. Die anderen taten es dem Jungen gleich und blieben so trotz Hungersnot am Leben.

Kurze Zeit später brach in den Dörfern rund um Torment die Pest aus. Hunderte Menschen wurden dahingerafft. Die Krankheit wütete noch schlimmer als zuvor der Bürgerkrieg. Soviel die Tormenter aber fürchteten, die verheerende Krankheit könnte auch auf ihre Stadt übergreifen, desto mehr wunderten sie sich, als alle Bürger von Torment heil blieben. Kein einziger von ihnen war an der Pest erkrankt.

Da kam eines Tages ein kräuterkundiger Mönch in die Stadt. Er sollte beim Wiederaufbau helfen. Natürlich machte auch er Bekanntschaft mir der vier-blättrigen gelben Wunderblume. Nachdem er die gelbe Blume, die nun den Namen Blutwurz trug, gewissenhaft erforscht hatte, kam er zum Schluss, dass es ein Inhaltsstoff der Blutwurz gewesen sein musste, der die Leute hier vor der Pest bewahrt hatte. Natürlich gewann die kleine gelbe Blume für die Bürger der Stadt von da an noch größere Bedeutung. Sie war ihnen nicht nur Nahrung in der größten Not gewesen, sondern hatte die Tormenter vielmehr vom schwarzen Tod bewahrt. Und so wurde sie sogar ins Wappen der Stadt aufgenommen.

Die Wurzel wollten nun auch viele Menschen aus den umliegenden Städten haben. Und so fingen die Leute von Torment an, die Blutwurz-Wurzel zu verkaufen und Tinkturen daraus herzustellen, was die Stadt nach und nach wieder zu Wohlstand kommen ließ.

Fahrende Sänger trugen die Mär der gelben Blutwurz aus Torment hinaus in die Welt. Sie nannten die Blutwurz von nun an auch Tormentill – nach der Stadt, in der ihre Heilwirkung entdeckt worden war.

Die Botschaft, die sich von den fahrenden Sängern aus wie ein Lauffeuer verbreitete hieß: Iss Tormentill und Bibernell, dann holt der Tod dich nicht so schnell!

Eiche

Eichen hatten für mich schon immer etwas Mächtiges, Ehrfurchtgebietendes an sich. Einbildung oder nicht? Eine Eiche verleiht Kraft, sei's als Bachblüte Oak oder durch die bloße Berührung. Wenn ich unter einer besonders dicken Eiche bei uns im Wald stehe, stelle ich mir immer vor, was dieser Baum alles gesehen haben muss. Immerhin können Eichen über 1000 Jahre alt werden.

Ihre Magie erkannten schon unsere Vorfahren: Die Kelten verehrten ihre Götter in Eichenhainen, die Tafel König Arthurs' soll, der Sage nach, aus einem einzigen Stück Eiche gewesen sein. Die Germanen hielten ihre Versammlungen unter Eichen ab. Für traditionelle Feuer wie Sommersonnwend-Feuer oder Mittwinter-Feuer gilt Eichenholz als perfektes Feuerholz.

Vor vielen Jahren, als ich für die Natur, ihre Märchen und Geschichten noch «so was von keine Zeit» hatte, erzählte mir mein Schwiegervater die folgende Sage. Weil ich sie bis heute im Gedächtnis behalten habe, will ich sie nun teilen. Dazu habe ich die Geschichte allerdings an jenen Ort versetzt, an dem ich sie zum ersten Mal gehörte habe – in die Heimat vom «Stoanan Jaga» im Ennstal/ Reichraming.

Warum die Eiche die Blätter nicht verliert...

Interpretierte Volkssage

Gleich unterhalb vom «Stoanan Jaga» lag, dicht an die Felswand gedrückt, vor langer Zeit der Hof des Grestnbauern – ein Gut, das schon bessere Zeiten gesehen hatte, denn im Dach waren Löcher und so manches zerbrochene Fenster war lediglich mit ein paar Brettern «vermacht».

So armselig und heruntergekommen wie das Anwesen selbst, so wirkte auch der Kilian, sein Besitzer. Er hatte vom verstorbenen Vater einen großen

Schuldenberg geerbt. Um seine Seele war es nicht viel besser bestellt. Denn seine angebetete Vroni hatte ihm das Herz gebrochen. Schuld war ihr Vater, der ihn ausgelacht hatte, als er um die Hand seiner Tochter anhielt: «Du hast ja vielleicht Flausen!» hatte er ihn angefahren. «Wie stellst du dir das vor? Soll meine Tochter von Luft und Liebe leben? Meine Vroni hat was Besseres verdient, als in deiner heruntergekommenen Keusch'n zu versauern!» Dabei hatte er eiskalt auf die Tür gezeigt, und dem Kilian war nichts anderes übrig geblieben, als sich beschämt aus dem Staub zu machen.

In einer hellen Mondnacht, als der Kilian vor lauter Grübeln nicht einschlafen konnte, ging er vors Haus und setzte sich unter die alte Eiche, die als stolzer Zeuge einer besseren Zeit noch immer über das Anwesen wachte. Auf einmal stand ein Jäger vor ihm und setzte sich neben dem Kilian ins mondbeschienene Gras. Als er sich eine Weile mit dem Fremden unterhalten hatte, erkannte der Bursche in seinem Gesprächspartner den Teufel. In seiner Not schilderte der Bursche dem Satan seine missliche Lage.

Da schlug ihm der Teufel einen Handel vor: «Ich kann dir schon helfen, wenn es ums Geld geht. Du unterzeichnest mir einen Vertrag, dass deine Seele nach deinem Tod mir gehört. Dafür werde ich dich zu einem Schatz führen.» «Das ist mir recht», antwortete der Kilian, dessen Lebensgeister auf einen Schlag zurückgekehrt waren. «Aber meine Seele bekommst du erst, wenn die Eiche hier all ihre Blätter verloren hat!»

Der Teufel willigte ein, und der Pakt wurde mit Blut besiegelt. «Grab bei Tagesanbruch im Hausgarten unter dem Hollerbusch ein tiefes Loch», wies er ihn an und verschwand. Nur ein Hauch von Schwefel erinnerte an die Gegenwart des Höllenfürsten.

Beim ersten Hahnenschrei holte der junge Grestnbauer eine Schaufel und begann, unter dem Hollerbusch eine Grube auszuheben. Neben ein paar handgefertigten Losensteiner Nägeln fand er darin einen metallenen Topf, der randvoll mit Golddukaten gefüllt war. Der Kilian war überglücklich! Endlich konnte er die Schulden bezahlen und den Bauernhof von Grund auf sanieren.

Noch ehe der Sommer um war, erstrahlte der Grestnhof wie ein kleines Juwel vorm «Stoanan Jaga». Und so war es nicht verwunderlich, dass auch Vronis Vater nichts mehr gegen die Heirat hatte.

Aber was war mit dem Pakt los? Als der Herbst ins Land zog, trug die Eiche noch immer jede Menge buntes Laub. Dem Teufel gefiel das gar nicht. Aber dann sagte er sich: «Der Frost wird die Blätter schon zum Abfallen bringen!» Bald wurden alle anderen Bäume kahl. Aber die braun verfärbten Blätter der Eiche hielten sich hartnäckig an den Zweigen fest. «Die Frühlingsstürme werden euch nur so von den Ästen reißen!» redete er sich ein. Doch als im Frühling die letzten braunen Blätter abfielen, waren schon viele junge Blättchen an den Zweigen. Die Eiche war nie kahl geworden.

Jetzt war der Teufel höllisch böse. In einer Schwefelwolke fuhr er hinüber zur Burg der Herren von Losenstein, schnappte sich ein Ziege, die nichtsahnend am Losensteiner Burghügel graste, und setzte sie vor der Eiche ab. «Beiß du die Blätter ab, Geißenvieh oder ich fahre schnurstracks zur Hölle mit dir!»

Unter Todesangst tat das Vieh, was ihm der Teufel befohlen hatte, aber es kam nicht höher als anderthalb Meter. Außer sich vor Wut biss der Teufel der Ziege den Schwanz ab.

Er musste sich eingestehen, dass ihn der Grestnbauer zum Narren gehalten hatte. Wütend rupfte er die Blätter mit seinen scharfen Teufelskrallen vom Eichenbaum. Doch wie sehr er sich auch abmühte, sie ließen sich noch immer nicht lösen.

Da blieb dem geprellten Teufel nichts anderes übrig, als mit höllischem Gestank und Gebrüll in die Unterwelt hinabzufahren.

Das Ganze sei bloße Erfindung, meinen Sie?? Na, dann sehen Sie sich die Blätter der Eiche einmal genauer an. Ihre Form erinnert noch heute an des Teufels scharfe Krallen – vom Stummelschwänzchen der Ziegen ganz zu schweigen.

Hagebutte

Hektisch wie nie ist sie, die Zeit um Weihnachten. Hat man sich im Vorjahr noch gedacht: «stressiger geht's nicht», scheint im darauffolgenden Jahr trotzdem wieder eine Spur mehr los zu sein. Wonach man sich sehnt, sind nicht mehr die großen Geschenke, sondern Stille, Friede und einfach nur Zeit. In der folgenden Geschichte habe ich versucht, all das einzufangen. Vermischt mit meiner größten Angst aus Kindheits-, Jugend- und sogar noch Erwachsenentagen: Was ist, wenn wir einmal vergessen, den Christbaum zu besorgen? Wie wär ein Weihnachtsfest ganz ohne Lichterbaum?

Der vergessene Christbaum

Es war der 24. Dezember – doch sogar heute musste Papa nochmal ins Büro. Mit leerem Blick starrte Anneliese auf das Fernsehgerät, ohne auch nur im Geringsten mitzubekommen, was sich im Weihnachtsprogramm «In einem Land vor unserer Zeit» gerade abspielte. Nie hatte Papa Zeit für Anneliese. Als Direktor dieser doofen schnöseligen Firma gab es scheinbar keinen Platz für sein Mädchen. Und Mutti – mit ihr sah es um keinen Deut besser aus! Wohltätigkeit hier, Event dort – irgendetwas gab es immer zu organisieren. Auch sie war heute Vormittag außer Haus. Vielleicht sogar im Funkhaus bei «Licht ins Dunkel».

«Wir waren heuer noch nicht einmal im Tannenland, den Christbaum aussuchen!» hatte Anneliese Papa nachgeschrien, als er eilig das Haus verließ. Da machte der Vater doch noch einmal halt und nahm sein Mädchen in die Arme: «Keine Sorge, Kleines», flüsterte er liebevoll in Annelieses Ohr. Irgendwo in der Stadt wird sicher noch einer zu finden sein – versprochen!» Zwei Stunden später war Papa wieder zurück. Doch irgendetwas schien ihn zu bedrücken. Er setzte sich zu Anneliese auf die Couch und schien, als ob er nicht recht wüsste, wie er mit dem, was er ihr nun sagen wollte, beginnen soll... «Was ist?» fragte das Mädchen, Schlimmes ahnend. «Diesmal hab ich's echt vermasselt!» flüsterte Annelieses Vater beschämt. «Sämtliche Verkaufsstände sind zu – die Christbäume haben sie einfach zu Brennholz zersägt – und im Tannenland ist am 24. Dezember sowieso geschlossen. Aber vielleicht hat ja Mama eine Idee?»

«Jetzt haben sie nicht einmal für Weihnachten Zeit!» dachte das Mädchen entsetzt. «Ich brauche frische Luft!» Wie der geölte Blitz fuhr Anneliese in ihren Anorak, schnappte Haube und Fäustlinge und dampfte ab in Richtung «Raus aus der Stadt». Gleich hinter der Villa von Familie Lensberg dehnte sich ein kleines verträumtes Wäldchen aus – dort suchte Anneliese Zuflucht. Als sie sich auf einem moosbewachsenen Baumstumpf niederließ, flossen heiße Tränen über ihre von Laufen und Kälte geröteten Wangen, und sie wurde von einem herzzerreißenden Schluchzen gebeutelt. «Warum beachtet mich niemand? Will mich keiner hören? Was ist bloß los mit Mama und Papa? Ständig laufen sie Geld und Ruhm nach! Die Zeit für uns wird dadurch geradezu aufgefressen. Jetzt lassen sie sogar schon Weihnachten sterben.»

Da fiel dem Mädchen ein Buch ein, das es einmal gelesen hatte. Es ist doch Christnacht, und man sagt, dass in dieser Nacht die Tiere anfangen, zu sprechen. Vielleicht reden die wenigstens mit mir – oder wissen, wo man um diese Zeit noch einen Christbaum herbekommt...

Doch weder Reh noch Hase wollten die alte Sage bestätigen. Einer hoppelte zwar ganz frech heran, aber von Reden war da keine Spur. Da hörte sie plötzlich jemanden eine Melodie singen. Das Lied kam von drüben vom Hagebuttenstrauch, und bei näherem Hinhören konnte sie «Ein Männlein steht im Walde» verstehen. Außer dem Strauch mit den roten Farbtupfen war jedoch keine Menschenseele zu sehen.

«Du willst einen Christbaum und ein richtig schönes Weihnachtsfest?» drang die Stimme aus dem Strauch erneut an ihr Ohr. «Dann komm ganz nah und hör mir zu! Ich helfe dir gerne – schließlich ist es schon lange her, dass mich ein Kind wirklich beachtet hat.»

Anneliese war ganz starr vor Schreck. Als sie genauer hinsah, saß da wirklich eine Hagebutte am Strauch, die fast wie ein kleiner Mensch wirkte und auch größer war als die andern.

«Ich bin das Hagebuttenmännlein, und wer bist du?» «Anneliese» stotterte das Mädchen. «Ich bin Anneliese».

«Also, Anneliese, hör genau zu. Siehst du den kleinen Tannenbaum dort drüben auf der Lichtung? Er wird dein perfekter Christbaum sein. Aber du darfst ihn ja nicht umsägen – hörst du – egal, was passiert, das Bäumchen muss am Leben bleiben!» Das versprach Anneliese gerne und lauschte gespannt, was das kleine Männchen auf der Hecke sich noch alles ausgedacht hatte. «Und dort drüben hinter dem großen Busch, da steht ein altes verfallenes Gartenhäuschen – du kennst es bestimmt! Die Tür ist zwar versperrt, aber gleich links im hohlen Baumstumpf müsste noch der Schlüssel sein – ja genau – siehst du – probier ihn gleich mal aus!» Mit einem kleinen Knacks ließ sich das rostige Schloss öffnen, und Anneliese spähte vorsichtig zur Tür hinein. «Aber liebes Hagebuttenmännlein, wie soll ich denn das Bäumchen schmücken? Ein richtiger Christbaum braucht doch zumindest Äpfel, Nüsse, Kerzen und Silberfäden!» Auch dafür wusste das Männlein Rat:

«Ich habe vor vielen Jahren einmal beobachtet, wie zwei kleine Jungen hier einen Weihnachtsbaum für die Tiere geschmückt haben. Wenn du Glück hast, sind zumindest Kerzen und Silberfäden noch heil.»

Es begann schon leicht zu dämmern. Trotzdem nahm Anneliese all ihren Mut zusammen und wagte sich vorsichtig in die Hütte hinein. «Ich hab die Kiste!» Als sie den knarrenden Deckel hob, staunte sie nicht schlecht! Es befanden sich wirklich Kerzen darin – und Lametta, etwas Silberfaden – und sogar Kerzenhalter. «Jetzt bräuchten wir nur noch ein Feuerzeug!» rief Anneliese voller Freude. «Mit solch modernem Zeug kann ich dir nicht dienen. Aber grab noch etwas tiefer in die Kiste, ich glaube es sind noch Zündhölzer da!»

Kurze Zeit später erstrahlte das kleine Bäumchen in atemberaubend schönem Weihnachtsglanz.

«Eins fehlt noch!» sagte das Hagebuttenmännlein nachdenklich. «Rote Äpfel»! «Die hab ich zuerst drüben in der Wildfütterung gesehen!» jubelte

Anneliese. Und war schon weg. «Befestige sie mit Zündhölzern und dem Silberfaden – ja genau so! Ist dein Christbaum nicht wunderschön!» «Ja, wunderschön» hauchte das Mädchen. Doch da bemerkte sie, dass es schon stark dämmerte. «Die Eltern werden sich Sorgen machen! Es ist schon fast finster! Schade, und ich hätte die Kerzen so gerne angezündet!» Doch das Hagebuttenmännlein schwieg plötzlich. Und Anneliese fragte sich, ob sie all das nur geträumt hatte.

«Anneliese! Kind, wo bist du! ... Anneliese!»

«Papa? Mama? Ich bin hier! Hier drüben neben der verfallenen Gartenhütte!» Unendlich erleichtert schlossen die Lensbergs ihr Mädchen in die Arme! «Gott, sind wir froh, dass dir nichts zugestoßen ist. Wir haben uns schon solche Sorgen gemacht!» rief Annelieses Vater erleichtert aus. «Wo hast du nur all die Zeit über gesteckt?» meldete sich nun auch ihre Mutter zu Wort. «Ach, seid mir bitte nicht böse. Ich war so traurig wegen dem Christbaum, da hab ich wohl ganz die Zeit vergessen. Aber ich bin echt froh dass ihr da seid. Kommt mit, ich will euch etwas zeigen. Das hier wird das schönste Weihnachtfest, das wir je hatten!»

Sachte entzündete das Mädchen die Kerzen am Baum, und als die kleine Familie «Stille Nacht» sang, begann es leise zu schneien. Anneliese drehte sich um und sah zum Hagebuttenstrauch hinüber. In der Dämmerung konnte sie nur noch die Umrisse ihres kleinen Freundes erkennen. Und plötzlich begann sie übers ganze Gesicht zu strahlen. Anneliese konnte das «Frohe Weihnachten» des Hagebuttenmännleins zwar nicht mehr laut hören, aber sie fühlte es ganz tief drin in ihrem Herzen.

Christrose

Wenn sich der Stefanitag dem Ende zuneigt, überschattet irgendwie ein leicht wehmütiges «Schade, jetzt ist Weihnachten schon wieder vorbei!» die hoffentlich sorglose Feiertagslaune. Als leidenschaftliche Musikantin hilft mir bei solchen Stimmungstiefs meist ein Lied, um den Missmut schnell zu vertreiben. Ein altes englisches Weihnachtslied war es auch, das mir als Grundlage für mein heutiges Märchen von der Christrose diente.

Es war einmal vor langer langer Zeit, da herrschte in Polen ein König namens Wenzel. Wenzel war umsichtig und klug. Was ihn aber besonders von seinen Vorgängern unterschied, war sein gutes Herz, und so lenkte er die Geschicke seines Landes mit Herz, Hirn und gesundem Menschenverstand durch die Wogen seiner Zeit.

Für Wenzel war klar: «Wer sein Volk gut regieren will, der muss es auch verstehen!» Und so kam es nicht selten vor, dass er sich auf ausgedehnte Wanderungen begab, um Lebensumstände und Anliegen seines Volkes besser verstehen zu lernen.

Nur an den hohen Feiertagen hatte er meist Schwierigkeiten, sich davonzumachen. Immerhin wollten die hohen Herren der Nachbarschaft samt Hofstaat und kirchlichen Würdenträgern gewürdigt und gebührend bewirtet werden. Und welches Fest eignete sich für üppige Festlichkeiten besser als das Weihnachtsfest? Schon Wochen vorher wurden Schweine geschlachtet, Gänse und Kapaune gerupft, Würste und herrliche Pasteten hergestellt und duftende Mehlspeisen gebacken, bis sich die Tische bogen. Von der Eingangshalle bis in den Thronsaal wanden sich Girlanden aus Tannenreisig und bunten Bändern um Säulen und Torbögen. Von der Küche her verbreitete sich der würzige Duft von heißem Punsch und Glühwein.

Am Stefanstage aber wurde König Wenzel rastlos. Zu sehr sehnte er sich nach einem ausgedehnten Streifzug durch die frostige, klirrend kalte Winternacht. «Knappe, komm her zu mir!», befahl er nach kurzem Grübeln. «Bringe er diese Nachricht zum Bischof. Er soll den edlen Herrschaften die Renovierungsarbeiten an der Marienkirche zeigen. Dann aber nichts wie hinaus aufs Land. Zu lange ist es her, seit ich Zeit hatte, nach meinen Ländereien zu sehen!»

Trotz Schneegestöber und Eiseskälte bahnten sich König und Knappe unermüdlich ihren Weg durch die bitterkalte Winternacht. In einem kleinen Waldstück fanden sie schließlich Unterstand «Sieh nur, Knappe, wer ist dieser arme alte Mann dort drüben? Er ist ganz in Lumpen gehüllt und scheint die paar Zweiglein einzusammeln, die der Sturm von den Bäumen gefegt hat!»

«Sire, der Alte wohnt drüben bei der Agnes-Quelle auf der anderen Seite des Waldes. Man sagt, er sei sehr arm. Hat kaum das Nötigste zu essen. Wenn die furchtbare Kälte den ganzen Winter über dauert, wird er wohl erfrieren…»

«So geh und hol ihm zu Essen und zu Trinken. Repariert seine Hütte und schlichtet Holzscheite an die Hüttenwand. In meinem Königreich soll niemand erfrieren – nicht einmal ein armer alter Mann, der in seinem Leben sicherlich schon genügend gearbeitet hat!» Als der König aufsah, bemerkte er, wie blau und gefroren auch das Gesicht seines Knappen wirkte. Von den Bewegungen seines treuen Begleiters konnte er schließen, dass auch dessen Hände und Füße erste Anzeichen von Erfrierungen hatten.

«Wie dumm von mir! In meiner Begeisterung habe ich gar nicht gemerkt, wie sehr du schon vor Kälte zitterst! Richtig erbärmlich siehst du aus! Geh nur ganz dicht hinter mir, dann können dir weder die beißende Kälte noch der eisige Wind etwas anhaben. Sobald wir daheim sind, werde ich veranlassen, dass dem Alten geholfen wird. Aber ich bin mir sicher, das können auch die Diener erledigen.»

So stapften Sie zurück zum Königsschloss – voran der beherzte König, der wild entschlossen war, Gutes zu tun, dicht dahinter sein treuer Knappe, der sich zitternd vor Kälte kaum mehr auf den Beinen halten konnte.

Doch plötzlich wurde es dem Knappen seltsam warm ums Herz, und er merkte, wie rund um ihn ein Wunder geschah. In den Fußstapfen des Königs begann der Schnee zu schmelzen, und auch sein eigener Körper wurde nach und nach von einem wohligen Gefühl der Wärme erfüllt. Als er verwundert zu Boden sah, erblickte er voller Staunen eine wunderschöne weiße Blume, die in des Königs Fußstapfen erblüht war. «Nein, so etwas! So viele Wunder auf einmal! Konnte das mit rechten Dingen zugehen?» Mit einem heftigen Kopfschütteln wischte er diesen Gedanken gleich wieder beiseite. «Nein, nein, es ist doch offensichtlich, dass allein die Güte meines Herrn für dieses Wunder verantwortlich ist!»

Ohne noch weiter nachzugrübeln, grub er heimlich einige der weißen Blumen aus und nahm sie mit nach Hause, wo er sie einpflanzte und zu züchten begann. Sie sollten ihn sein Lebtag lang daran erinnern, dass es sich lohnt, Gutes zu tun. Und weil die wunderschöne weiße Blüte auch die restlichen Weihnachtsfeiertage nicht an Schönheit verlor, gab er ihr den Namen «Christrose».

Der gütige König Wenzel wurde später heilig gesprochen – und wie es mit Heiligen eben ist, ranken sich auch um ihn bis zum heutigen Tag viele Legenden. Diese hier ist wohl die populärste, immerhin wurde sie in einem Lied festgehalten (Good King Wenceslas). Und was in Liedform die Zeiten überdauert, hält sich bekanntlich besonders lang. Warum das so ist, wollen Sie wissen? Lieder berühren die Seele der Menschen, und diese sollen ein besonders langes Gedächtnis haben, sagt man.

Wie der Valentinstag zu den Blumen kam…

Valentin war der Überlieferung nach ein armer, ehrsamer Priester, der ein blindes Mädchen geheilt haben soll. Hilfe und Trost Suchenden schenkte er eine Blume aus seinem Garten. Trotz eines Verbotes des Kaisers Claudius II. traute er Liebespaare nach christlichem Zeremoniell und half in Partnerschaftskrisen; deshalb wurde er enthauptet. Die Blumen und Feierlichkeiten werden allgemein eher auf das römische Luperkalien Fest zurückgeführt, das zu Ehren der Göttin Juno am 14./15. Februar gefeiert wurde. So etwas kann ich als alte Romantikerin natürlich nicht einfach so stehen lassen. Die folgende Legende reimte sich fast von selbst zusammen…

«Au! Damnatus!» fluchte der junge Legionär Tacitus, als er blind vor Wut und Verzweiflung mit einer Rosenhecke kollidierte und darin wie die sprichwörtliche Fliege im Spinnennetz hängen blieb. Herumzappeln nützte ihm jedoch gar nichts. Je mehr er sich wand, desto tiefer gruben sich die Dornen in sein Fleisch. So blieb ihm nichts anderes übrig, als sich in sein Schicksal zu fügen, abzuwarten, und die Ereignisse der letzten Tage noch einmal Revue passieren zu lassen.

«Ich hasse meinen Job» stieg abermals eine Welle voll unbändiger Wut in ihm hoch. «Überall wirst du nur ausgenutzt: Immer nur kämpfen, kämpfen – bis zum Umfallen. Ein Leben für Kaiser, Rom und die eigene blöde Ehre. Etwas anderes haben wir nie zu hören bekommen. Und ich armer Teufel hab ihnen auch noch geglaubt. Aber wehe, man will selbst einmal etwas vom großen Herrn Imperator! Da muss man sich in Acht nehmen, dass man nicht gleich als Volksfeind und Dienstverweigerer den Löwen zum Fraß vorgeworfen wird…»

Unaufhörlich peinigten ihn die Gedanken an das noch immer geltende Gesetz von Kaiser Claudius, das Legionären verbot zu heiraten. «Klar doch! Wer Frau und Kind zuhause hat, ist im Kampf vorsichtiger. Und so was kann unser land- und machtgeiler Kaiser nicht gebrauchen. Wenn doch wenigstens Bischof Valentin noch lebte!» Der Haussklave seines wohlhabenden Nachbarn hatte ihm einst erzählt, dass Bischof Valentin noch vor zehn Jahren heimlich verbotene Ehen gestiftet hatte. Als sie ihm auf die Schliche kamen, erging es ihm allerdings schlecht, und er wurde letztendlich hingerichtet. «Ja der Valentin hätte ihm und seiner geliebten Juno sicherlich helfen können…»

Rosenduft und helfende Hände

Da riss ihn ein unglaublich betörender Rosenduft aus den Gedanken. «Wo kommt der denn her?» Während er noch grübelte, bemerkte er einen Mann vor sich, der ihn aus unsagbar gütigen Augen anlächelte. «Lass mich dir helfen!» sagte der Mann, und schon begann er den jungen Soldaten aus der Umklammerung des Dornengestrüpps zu lösen. Tacitus wurde dabei ganz leicht ums Herz, und ihm war, als würde der gütige Fremde von einem inneren Strahlen erleuchtet. «Nun wird alles gut. Du musst nur fest daran glauben!» gebot er dem vor Staunen völlig stumm gewordenen Tacitus und drückte ihm dabei eine zierliche Rose in die Hand. «Bring die Blume deiner Liebsten und geh mit ihr hinaus vor die Tore der Stadt – dort, wo der Tiber fließt. An dieser Stelle werdet ihr einen alten Mann treffen. Er ist ein Priester, der das Andenken an Bischof Valentin aufrecht hält.»

Noch bevor der junge Legionär seine Sprache wieder gefunden hatte, war der seltsame Wohltäter verschwunden. Da begann es ihm langsam zu dämmern. «Oh du heiliger Valentin! Haben wir nicht heute den 14. Februar? Heute vor 10 Jahren hat man den Wohltäter der Liebenden hingerichtet. Ich glaube, ich bin gerade Zeuge eines Wunders geworden!» Mit einem unsanften «Rums» sackte das durchtrainierte Muskelpaket auf der staubigen Landstraße ohnmächtig zusammen.

Dein Glaube hat dir geholfen…

Tja, und weil sein Glaube so stark war und er dem Rat des Fremden, ohne ihn zu hinterfragen, folgte, wurde ihm tatsächlich geholfen. Durch ihr großes Vertrauen bemerkten die Liebenden die Zeichen, die ihnen der Himmel schickte, und so wartete auf Tacitus und Juno ein erfülltes Leben voller Liebe und Glück. Bei der Trauung, die im Schutze des von Lärm und Trubel begleiteten Lupercalia Festes stattfand, hielt Juno die Rose in Händen, die der Fremde ihrem Tacitus gegeben hatte.

Zum Andenken schenkte Tacitus Juno von jenem Tag an an jedem 14. Februar eine kleine zarte Rose. Und so hielten es auch bald ihre Freunde, Verwandten und Bekannten. Tacitus und Juno wurden schon bald mit vielen Kindern gesegnet, und die Familie wuchs und wuchs. So ist es nicht verwunderlich, dass sich der Brauch über alle Welt verbreitet hat und er bis heute erhalten ist.

Und wer sagt uns, dass hinter dem Fremden, der irgendwann einmal segensreich in unsere eigene Beziehung eingegriffen hat, nicht auch der «Spirit» des Heiligen Valentin steckte ;-)

Vom Wunder einer Osternacht

Karfreitag und Osternacht haben mich immer schon zum Nachdenken angeregt. Es sind Tage, an denen man das Leben gerne Revue passieren lässt: Was hab' ich aus meinem Leben bisher gemacht? Wo steh ich…? Bin ich zufrieden…? Dabei wird mir immer mehr bewusst, wie gut wir es eigentlich haben und dass es andere Orte gibt, wo es nicht um Oberflächlichkeiten geht, sondern ums nackte Überleben selbst. Orte, an denen das letzte bisschen Überlebenskraft oft aus dem Glauben stammt. Aus den Bildern, die dabei in mir hochgestiegen sind, ist die folgende Geschichte entstanden:

Ringsumher züngelten die Flammen hell und gierig empor. Die Luft war erfüllt vom Pfeifen der Granaten und ihren Splittern, die beim Bersten wie Hagel hernieder prasselten. Es stank nach Rauch und Verbranntem. Das Atmen tat weh, auch wenn man nicht auf der Flucht war und immer weiter laufen musste. Immer weiter und weiter auf der Flucht vor einem Krieg, der scheinbar niemals enden würde.

Ostara irrte schon tagelang umher – als Nahrung dienten ihr lediglich die paar Beeren, die sie von den zerzausten Sträuchern am Wegrand pflückte. Gott sei Dank hatte es heftig geregnet – so fand sie wenigstens genug Wasser, um nicht zu verdursten.

Ostaras Familie war von umherziehenden, plündernden Horden ermordet worden, als sie noch ganz klein war. «Sei ganz still und rühr dich nicht!», hatte ihr die Mutter ins Ohr geflüstert, als sie sie ins kleine Versteck unter den Bodendielen schubste. «Wir spielen jetzt Verstecken!» Ostara hatte gut mitgespielt. Sie überlebte als einzige den brutalen Überfall.

Jetzt, vier Jahre später, fingen die schrecklichen Bilder langsam an zu verblassen. Schmerz und Seelenqual jedoch blieben. Sie war noch so klein gewesen damals, an das Gesicht der Mutter konnte sie sich kaum mehr erinnern. Auch wenn sie ihren Geruch nach Seife und Lavendel noch immer auf zehn Meter Entfernung erkennen würde…

So wie das Feuer in Ostara weiterbrannte und ihrer jungen Seele keine Ruhe ließ, so loderten auch die Flammen dieses furchtbaren Krieges – weiter und immer weiter…

Vor Tagen – sie hatte aufgehört zu zählen, wie viele es waren – ist auch noch das Kinderheim zerbombt worden, in dem sie notdürftig Unterschlupf gefunden hatte. Das Schreien und Weinen hörte sie noch immer zermürbend real in ihrem Kopf. In ihrer Angst hatte das Mädchen aus einem Instinkt heraus die Beine in die Hand genommen und war gelaufen. Weg – nur weit, weit weg – sagte ihr Herz, während sie ihre dürren Beine in seinem gleichmäßigen Rhythmus immer weiter davon trugen. Fort – fort in eine neue Zukunft: Ohne Krieg, ohne Flammen, ohne Schreie und ohne Tod.

«Lieber Gott», betete Ostara inbrünstig. «Wenn es dich wirklich gibt, dann hilf mir! Du hast doch auch Jesus auferstehen lassen. So ein großes Wunder will ich ja gar nicht! Mach, dass ich da nur heil rauskomme und

bitte, bitte, bitte: Schenk mir ein neues Zuhause. Und wenn dann noch ein klitzekleiner Wunsch frei ist, dann schenk mir eine Mama.»

Tag für Tag quälte sich die kleine Waise vorwärts. Doch ihr Kräfte begannen langsam zu schwinden. Trotzdem glaubte sie noch immer unerschütterlich daran, dass ihr der liebe Gott helfen würde. «Man muss nur immer fest an Gott glauben! Das hat uns Schwester Franziska vom Waisenhaus jeden Abend erzählt!»

Als aber in der Ferne, weit draußen vor der großen Stadt, die Osterfeuer zu brennen begannen und sich die Glocken bereit machten, um schon bald den Ostermorgen einzuläuten, brach das kleine Mädchen zusammen: «Gott hat mich vergessen... Er hat mich nicht lieb genug...», hauchten ihre aufgesprungenen Lippen, als sie reglos im Staub liegen blieb.

Im abgelegenen Hirtendorf Hankusch war vom Krieg kaum etwas zu spüren. Für Alvira hingegen war er so allgegenwärtig, dass es weh tat. Ihr Mann war im Krieg verschollen und ihr kleiner Sohn Levi war von der Schule nicht mehr heimgekehrt. «Warum mussten wir ihn auch in die Stadt zur Schule schicken. Gott hat unsere Eitelkeit hart bestraft!» Alvira zweifelte keine Sekunde daran, dass es Gott gab. Aber für sie war er ein harter, strafender Gott. Ein Gott, den sie zu hassen gelernt hatte.

«Ich wende mich von dir ab, Gott! Hörst du mich?», hatte sie voll Abscheu geschrien, als sie die Nachricht vom Tod ihres Sohnes ereilt hatte. «Auf so einen Gott pfeife ich! Nimmt mir das Liebste, das ich habe, und fordert immer noch, ich soll ihn und meine Nächsten lieben. Liebe? Was zählt das noch! Gib mir mein Liebstes zurück! Gott! Dann wirst du ja sehen, ob ich wieder bereit bin, mit dir zu verhandeln!»

Dieses Osterfest war das Härteste, das Alvira je erlebt hatte. Die Einsamkeit drohte sie innerlich zu zerfressen. Das Leben hatte jeglichen Sinn verloren. Einsam, traurig und verhärmt stolperte sie über die Schwelle, um nach den Tieren im Stall zusehen, als ihr Fuß im Dunkeln an etwas weiches, lebloses stieß. Der spitze Schrei, den sie vor Schreck ausstoßen wollte, blieb ihr jedoch in der Kehle stecken, als sie merkte, was da im Staub vor ihrer

Haustür lag. «Das ist ja ein Kind! Ein Mädchen – oh Gott und so mager! Hoffentlich ist es noch am Leben!»

Vorsichtig hob sie die Kleine auf, trug sie ins Haus und bettete sie auf ihr Lager. Das Kind hatte Fieber, sein Puls war schwach, aber instinktiv spürte Alvira, dass sie da eine kleine Kämpferin vor sich hatte. «Gib nur nicht auf!», flüsterte die Frau, als sie ihr wieder etwas Wasser einflößte. «Du sollst leben, Kleine – und wie du leben sollst!»

Gottes Wege sind oft verworren und unergründlich. Geschehen Wunder, so kommen diese selten «on time» und manchmal in einem Zusammenhang, den wahrscheinlich nur Gott selbst versteht.

Trotzdem hatte er in Alviras und Ostaras Fall, beider Leben gerettet, indem er sie – wie durch ein Wunder – zusammenführte. Denn Alvira nahm die Kleine an Kindesstatt zu sich. Endlich hatte das Kind eine Mutter gefunden.

«Glaubst du jetzt an Gott?», fragte Ostara, als sie wieder zu Kräften gekommen war und vor Glück und Erleichterung strahlte. Eines wusste das kleine Mädchen mit hundertprozentiger Sicherheit: Dieses Wunder hat uns wirklich der liebe Gott geschickt: das Wunder einer Osternacht.

Bildnachweis

Seite 8, 51, 53, 69, 73, 77, 78, 85, 90, 115, 120, 131, 135, 143, 147, 152, 157, 161, 164, 170 – Dr. Arthur Brühlmeier

Seite 111 – Christian Raimann

Seite 37, 138 – Miriam Wiegele

Seite 171 – Erich Weigand

Seite 175 – Peter von Blarer

Alle anderen – Anita Buchriegler